交通网络视角下
专用道设置决策建模与优化

吴 鹏 车阿大 〔法〕储凤（Chu Feng） 著

科学出版社

北 京

内 容 简 介

本书以不同应用背景下的交通网络视角下专用道设置优化问题为对象，阐述上述不同应用背景下的专用道设置优化问题的数学模型，有针对性的快速有效的求解方法，以及模型和算法有效性验证和实际应用探讨。本书旨在阐明如何通过建立有效的数学模型和求解算法，在实践中为专用道网络优化决策提供定量化支持，同时也为专用道设置中如何合理协调各类交通关系，保证交通畅通、有序、安全、可靠提供决策依据。本书进一步丰富和发展管理科学和交通运输管理理论，为城市交通管理和控制提供理论参考。

本书可供管理科学与工程、交通运输管理、计算科学与技术等学科或专业方向的科学研究和工程技术人员参阅，也可作为相关专业方向的研究生和高年级本科生的教材或教学参考书。

图书在版编目（CIP）数据

交通网络视角下专用道设置决策建模与优化 / 吴鹏，车阿大，（法）储凤著. —北京：科学出版社，2022.7
ISBN 978-7-03-071744-3

Ⅰ. ①交… Ⅱ. ①吴… ②车… ③储… Ⅲ. ①车道-交通管理-研究-中国 Ⅳ. ①U491.2

中国版本图书馆 CIP 数据核字（2022）第 039817 号

责任编辑：王丹妮 / 责任校对：王晓茜
责任印制：张 伟 / 封面设计：无极书装

科 学 出 版 社 出版
北京东黄城根北街 16 号
邮政编码：100717
http://www.sciencep.com

北京建宏印刷有限公司 印刷
科学出版社发行 各地新华书店经销

*

2022 年 7 月第 一 版　开本：720×1000　1/16
2023 年 1 月第二次印刷　印张：11
字数：250 000
定价：110.00 元
（如有印装质量问题，我社负责调换）

作 者 简 介

吴鹏，男，1987年生于江西丰城。2010年本科毕业于西北工业大学管理学院工商管理专业，2010年研究生推荐免试进入西北工业大学管理学院管理科学与工程专业攻读硕士学位，师从车阿大教授，从事运筹与管理方向的研究。2012年9月通过提前攻博方式免试进入西北工业大学管理学院攻读管理科学与工程专业博士学位，继续师从车阿大教授，从事交通网络视角下专用道设置优化研究。2013年9月至2016年8月，获得国家留学基金管理委员会国家建设高水平大学公派研究生项目资助赴法国巴黎萨克雷大学做联合培养博士，师从Chu Feng教授，继续从事交通网络视角下专用道设置优化研究。2017年分别获得法国巴黎萨克雷大学哲学博士学位和西北工业大学管理学博士学位。2016年8月在福州大学参加工作，现为福州大学经济与管理学院教授，博士生导师。2017年入选福州大学"旗山学者"（海外项目）奖励支持计划，2018年入选"福建省高校杰出青年科研人才培育计划"。先后主持国家自然科学基金项目、中国工程院院地重大/重点咨询研究项目子课题、福建省自然科学基金项目、福建省社会科学规划项目、天津大学-福州大学自主创新基金合作项目、福州大学"旗山学者"（海外项目）奖励支持计划项目、福州大学研究生教育教改项目等纵横向课题十余项，参加（完成）国家自然科学基金项目、中法"蔡元培"交流合作项目等国家级、省部级项目多项。

研究领域：运筹与管理、交通运输管理、生产计划与调度以及可持续运营管理及应急管理。截至2021年3月，在 *Transportation Research Part B: Methodological*；*Annals of Operations Research*；*Decision Support Systems*；*IEEE Transactions on Intelligent Transportation Systems*；*IEEE Transactions on Systems, Man, and Cybernetics: Systems*；*Computers & Industrial Engineering*；

Safety Science；*Journal of Cleaner Production*；《运筹与管理》等国内外交通管理、运筹与管理顶级/权威期刊上发表学术论文三十余篇。获得陕西省第十三次哲学社会科学优秀成果奖二等奖1项，福建省第十二届、十三届社会科学优秀成果奖三等奖2项，第十三届和第十四届福建省自然科学优秀学术论文奖二等奖2项，福州市第十届社会科学优秀成果奖三等奖1项。

车阿大，男，1972年生于浙江宁波，1994年本科毕业于西安交通大学，1999年获西安交通大学博士学位。曾在法国特鲁瓦工程技术大学和法国克莱蒙费朗第二大学做博士后与教学科研专员。2004年4月获法国国民教育及研究部颁发的"副教授"资格职称。2005年7月加入西北工业大学管理学院，并被特评为教授。2012年6月至8月在法国埃夫里大学任客座教授。现为教育部青年长江学者，西北工业大学管理学院教授、博士生导师、院长、管理学院学位委员会主席。

研究领域：复杂运营管理、工业工程与管理、运筹优化与管理等。共主持国家自然科学基金项目4项、中法"蔡元培"交流合作项目1项、教育部"新世纪优秀人才支持计划"项目1项、陕西省自然科学基金项目1项、企业横向课题和其他课题5项。已在 *Naval Research Logistics*、*European Journal of Operational Research*、*IEEE Transactions*、*Omega*、*International Journal of Production Economics*、*International Journal of Production Research*、*Operations Research Letters* 等管理类重要国际期刊上发表SSCI/SCI论文五十余篇。现任 *IEEE Transactions on Intelligent Transportation Systems* 副主编、*Journal of Industrial and Management Optimization* 编委和副主编以及其他国内外6种期刊编委。兼任中国（双法）项目管理研究委员会副主任、中国系统工程学会可持续运营与管理系统分会副理事长、中国管理科学与工程学会理事、中国系统工程学会理事、中国系统工程学会青年工作委员会委员、陕西省应急管理学会常务理事、陕西省软科学研究会理事等。

Chu Feng，女，1965年生于重庆，1986年本科毕业于合肥工业大学，1991年硕士毕业于法国洛林国立高等理工学院，1995年获法国梅斯大学博士学位。1999年1月至2009年8月任法国特鲁瓦工程技术大学副教授，2009年9月被评为教授。现为法国国家特级教授、福州大学"闽江学者"讲座教授、IEEE高级会员。

研究领域：智能交通系统管理、物流供应链管理、生产调度、系统优化等。在领域内知名国际期刊会议上发表论文二百余篇，其中在相应领域国际著名期刊 *Transportation Research C/E*、*European Journal of Operational*

Research、IEEE Transactions、Decision Support Systems、Annals of Operations Research、Omega、International Journal of Production Research、Computers & Operations Research、Computers & Industrial Engineering 等发表学术论文一百多篇。已指导二十余名博士（生）、博士后。主持承担了多项国际合作研究项目，法国中央、地方政府资助项目，国家自然科学基金项目。

曾任 IEEE Transactions on Systems, Man and Cybernetics Part C 副主编，现任 IEEE Transactions Intelligent Transportation Systems 副主编、IEEE Transactions on Automation Science and Engineering 副主编。现任 IFAC（International Federation of Accountants，国际会计师联合会）、IEEE（Institute of Electrical and Electronics Engineers，电气和电子工程师协会）等世界性著名学术机构的 7 个相关技术委员会委员，曾在近 90 个知名国际学术会议上担任大会主席、程序委员会主席、程序委员会委员、组织委员会委员。

前　言

　　交通运输已经成为人们生活中不可缺少的重要组成部分。然而，高度城市化和快速车辆增长引起了严重的交通拥堵，导致了低下的交通运输效率和严重的城市污染。合理的交通规划管理在促进经济可持续发展和改善人们日常出行环境方面发挥关键作用。人们正面临越来越多的新的特殊运输需求。为了能在已经饱和且交通状况日益严峻的交通网络中满足这些交通需求，提出高效的运输规划管理理论和方法具有重要的现实意义。

　　为满足特殊交通运输需求和提高交通运输系统的性能，专用道作为一种灵活且经济的交通管理策略，已经被广泛地应用于现实生活中。现有关于专用道的研究文献集中于从微观层面（单个路段或廊道）来研究专用道设置（lane reservation，LR）效益或影响，其研究成果不能有效指导如何从宏观网络层面进行专用道设置优化。设置专用道占用了道路资源，对正常交通产生负面影响。因此，在运输网络视角下合理设置专用道，对满足交通运输需求和减小专用道对其他正常交通的负面影响具有重要的作用。

　　本书对交通网络视角下专用道设置优化问题（lane reservation problem，LRP）进行深入研究，旨在确定运输网络中哪些路段上设置专用道以满足特殊交通运输需求或提高现有交通运输系统性能，同时尽可能减少专用道设置对其他正常交通的负面影响。本书主要研究成果和创新点体现在如下方面。

　　第一，研究了大规模自动卡车专用道设置优化问题（automated truck lane reservation problem，ATLRP）。为该问题建立了改进的整数线性规划

（integer linear program，ILP）模型，分析了问题的复杂度，研究了问题的几种特殊情形，并提出了有效的基于问题特性的精确算法。基准算例和大规模随机生成算例测试表明：本书所提出的改进模型和算法优于文献中的模型和算法。

第二，研究了满足大规模事件背景下专用道设置优化问题。首先，为该问题建立了一个改进的整数线性模型。其次，对所提出的模型性质进行分析，并得出减少其最优解搜寻空间的性质。基于分析得出的问题性质，提出了一种快速有效的改进量子进化算法（quantum-inspired evolutionary algorithm，QEA）。最后，通过测试基准算例与网络规模多达 500 个节点和 50 个任务的大规模算例表明，本书所提出的算法能够在相对较短的时间内产生高质量的解。

第三，研究了满足大规模事件背景下特殊交通需求的专用道设置鲁棒优化问题（robust lane reservation problem，RLRP）。为该问题建立了多目标 ILP 模型，研究了问题预处理技术以缩小最优解搜寻空间，并提出了 ε-约束和分割求解相结合的方法求得问题的 Pareto 前沿，其中，分割求解算法用于快速求解 ε-约束问题以加速算法收敛。基准算例和随机生成算例测试结果表明：本书所提出算法优于基于商品化优化软件包 CPLEX 的整数规划方法。

第四，研究了实现快速可靠公交运输需求的公交专用道设置优化问题。建立了该问题的数学模型，研究了问题有效不等式以减少问题最优解搜寻空间，提出了基于改进切割面生成技术的分割求解算法求得问题最优解，并开发了核搜索启发式算法，以快速求解大规模问题。在改进分割求解算法中，提出了基于问题特性的切割面生成技术，加速了算法的收敛；在核搜索算法中，提出了基于问题特征的限制问题构成方法，减少了解的搜寻空间。大量数值实验结果验证了本书所开发模型和算法的有效性。

第五，研究一类公交专用道设置与公交线路设计集成优化问题（bus lane reservation and line design integrated optimization problem，BLR-LDP）。首先建立了一个非线性多目标混合整数规划模型。其次将该非线性模型转化为一个等价的线性模型，研究了模型的有效不等式，分析了问题的复杂度，应用增强 ε-约束法求解获得问题 Pareto 前沿。基准算例和随机算例测试结果表明：本书所提出的算法在合理时间内可以精确求解小规模问题，所获得的方案可以较少负面影响较大幅度地减少公交出行者的出行时间。

  本书的出版得益于国家自然科学基金项目（71701049，71571061）、福建省自然科学基金项目（2018J05120）、天津大学-福州大学自主创新基金合作项目（TF2020-07）以及福州大学管理科学与工程"双一流"建设经费的资助，在此表示感谢！感谢周孟初教授和方云飞副教授对本书部分研究问题的贡献。感谢所有参考文献的学者们！

吴　鹏　车阿大　Chu Feng
2021年3月

目　　录

第 1 章　绪论 ··· 1
  1.1　专用道设置优化研究的必要性 ·································· 1
  1.2　专用道设置研究概述 ··· 3
  1.3　本书的方法导论 ··· 11
  1.4　本书的主要研究问题和思路 ····································· 22

第 2 章　大规模自动卡车专用道设置优化模型与方法 ········· 26
  2.1　引言 ··· 26
  2.2　问题建模 ·· 28
  2.3　性质分析 ·· 31
  2.4　两阶段精确算法 ··· 32
  2.5　模型与算法验证 ··· 35

第 3 章　基于改进 QEA 的大规模专用道设置优化模型与方法 ··· 46
  3.1　引言 ··· 46
  3.2　问题建模 ·· 48
  3.3　问题性质分析 ··· 52
  3.4　求解方法 ·· 54
  3.5　模型与算法验证 ··· 64

第 4 章　专用道设置鲁棒优化模型与方法 ···························· 76
  4.1　引言 ··· 76
  4.2　问题建模 ·· 78
  4.3　ε-约束法和分割求解算法相结合算法 ··············· 81
  4.4　算法验证 ·· 88

第 5 章 公交专用道设置优化模型与方法 ················· 99
 5.1 引言 ··· 99
 5.2 问题建模 ··· 101
 5.3 改进分割求解算法 ·· 111
 5.4 核搜索启发式算法 ·· 114
 5.5 模型与算法验证 ·· 117

第 6 章 公交专用道与公交线路设计集成优化模型与方法 ··· 128
 6.1 引言 ·· 128
 6.2 问题建模 ··· 129
 6.3 增强 ε-约束法 ·· 134
 6.4 算法验证 ··· 136

参考文献 ··· 146

后记 ··· 161

第1章 绪 论

1.1 专用道设置优化研究的必要性

随着世界经济的快速发展,世界范围内的许多国家和区域的城市化进程日益高度化,其导致的一个负面影响是由车辆总量快速增加引起的严重交通拥堵。许多大型城市的交通状况变得越来越糟糕。日益严重的交通拥堵导致了很多的交通运输问题,如低下的运输效率、不可预测的运送时间、交通事故、能源浪费和安全问题。这些问题日益阻碍交通运输以有效、可靠、安全的模式运行。面对这些日益突出的问题,开发新的交通规划方法以支持交通管理者决策变得重要且必不可少。

一种解决上述问题的常用方式是建设新的交通设施,如新修或拓宽现有道路等,以拓展现有交通运输网络,增加其交通网络承载能力。然而,这种方式需要大量的财务和人力成本以及较长的建设周期。同时,它也受限于有限的地理空间资源。因此,通过科学合理的管理方式,有效地分配和充分利用现有交通网络资源来改善交通状况变得日益重要。

近年来,专用道设置策略作为一种灵活有效且经济的交通管理策略,已经被很多国家广泛应用。其核心内涵是在现有城市交通网络中为特殊用户设置一些专用道以满足他们的交通运输需求或改善现有交通系统性能。专用道是通过限制其他车辆的通行为特殊用户提供一个无拥堵和更安全的交通运输环境。例如,公交专用道作为一个广为人知的专用道设置案例,已经被用来提升公交运行效率和准时性,从而增强公交系统的吸引力。另一个例子是高承载车(high-occupancy vehicle,HOV)专用道,它已经被广泛用来鼓励人们通过拼车增加车载人数以减少出行时间。此外，专用道设置策略还被应用于满足大型运动赛事期间特殊的运输需求，如悉尼、雅典及北京奥运会均设置了奥运专用道以满足运动员的快速运送需求。

在一个路段上，若其中某一车道被设置为专用道，为方便起见，本书称该路段上其他车道为普通车道。在交通网络中设置专用道减少了普通车道的总数目，这可能会使普通车道更拥堵，进一步恶化已经严重拥堵的城市交通状况。专用道设置策略最直接的影响就是增加了普通车道上非任务车辆的旅行时间，即导致交通延误。例如，Princeton 和 Cohens（2011）的研究表明：法国戴高乐机场和圣丹尼之间 A1 公路中三条车道设置一条公交专用道后，非公交车辆的运行时间增加了约 26%。因此，在交通网络中合理地设置专用道以最小化其对其他交通的负面影响是非常必要的。现有专用道设置研究中绝大多数通过运用实证、分析、仿真等方法从微观路段层面上研究了公交专用道设置类型、设置条件和形式及公交专用道的设置效益和影响（Black，1991；Choi D and Choi W，1995；Eichler and Daganzo，2006；Gan et al.，2003；Jepson and Ferreira，2000；陆建，2003；李铁柱等，2010；Viegas and Lu，2004；Viegas et al.，2007；Wei and Chong，2002；Zagorianakos，2004；Zhu，2010）。这些微观路段层面的研究结果可以为交通管理决策者进行专用道决策提供有价值的信息，但是其不能有效指导交通网络层面上的最优专用道决策。

近年来，少量研究从运输网络视角研究满足自动卡车和大规模事件等背景下的特殊运输需求的专用道设置优化问题（Che et al.，2015；Fang et al.，2012，2013，2014，2015；Wu et al.，2013；吴鹏，2013；Zhou et al.，2013，2014），旨于在现有交通网络中合理地选择路段进行专用道设置以满足特殊的交通运输需求。然而，据我们所知，已有研究提出的解决方法未能在合理时间内求解大规模问题，且大多数研究假设路网中路段行驶时间为静态不变的，未考虑路段行驶时间的时变性。此外，公交专用道已被广泛用于提升公交系统的性能和吸引力，但未发现有研究考虑最小化专用道设置影响的公交专用道设置优化问题。因此，研究运输网络视角下的大规模专用道设置优化、时变路况下的专用道设置鲁棒优化及公交专用道设置优化具有重要现实意义。特别值得指出的是，专用道设置优化问题不同于现存的经典交通运输规划问题，如车辆路径问题（vehicle routing problem，VRP）、设施选址问题、最小成本多货物流问题，但是它的特殊情况可以归结为多种经典组合优化问题。进一步深入研究这类新交通运输规划问题具有重要的理论价值。

本书力图为上述运输网络视角下（即宏观网络层面上的）专用道设置优化问题开发新的和有效的优化方法，以满足特殊的交通运输需求和提升公交系统性能，同时尽可能减少专用道设置的负面影响。

1.2 专用道设置研究概述

本节首先综述了专用道设置策略的现实应用现状。其次综述了有关专用道设置策略的理论研究现状，包括微观路段层面和宏观网络层面上的专用道设置研究，指出了现有研究存在的不足以及本书的主要研究问题。最后分别阐述了求解单、多目标组合优化问题的常用方法，并对求解本书所研究问题方法的基本思想和原理进行了介绍。

1.2.1 专用道设置应用研究概述

随着机动车辆数量的急剧增加，交通拥堵已经成为世界各地许多城市的常见现象。与传统的通过修路、拓路方式拓展现有交通网络容量的策略相比，合理的交通管理策略对缓解城市交通拥堵扮演着更加重要的角色。近些年来，作为交通管理策略之一，专用道设置策略广泛应用于现实中，如公交专用道、HOV 专用道、满足特殊事件的临时专用道（如奥运会专用道）及自动卡车专用道。

1. 公交专用道

众所周知，公交专用道作为一个重要的公交优先策略，已经在许多国家广泛实施。其主旨思想是在一些特定时段（如早、晚高峰）将一些普通车道转化为公交专用道。设置公交专用道的目的是提升公交运输的性能以增加公交系统吸引力和促进旅客由私家车转向公交出行，从而达到缓解城市交通拥堵的目的。世界上第一条公交专用道可以追溯至 1940 年的美国芝加哥。随后，欧洲国家（如法国、英国）也开始建设公交专用道。之后，亚洲国家也开始实施公交专用道设置策略以促进公交优先。中国于 1997 年在北京长安街建设了第一条公交专用道。如今，在全世界范围内通过实施公交专用道设置策略来促进公交优先已经变得越来越流行。在中国，许多城市（如北京、西安、昆明、广州、成都等）已经实施了公交专用道设置策略。公交专用道可以避免公交车陷入交通拥堵，从而实现快速而准时的公交运输服务。

近几十年来基于公交专用道的快速公交（bus rapid transit，BRT）系统已经在北美洲、拉丁美洲、欧洲、亚洲广泛实施。其中一个最成功的例子是哥伦比亚波哥大的 BRT 系统，它每天高峰期运输超过 198 000 个旅客，公交运输的平均速度由 15 千米/小时提升至 27 千米/小时（Walteros et al.，2013）。Hidalgo 和 Gutierrez（2013）的报道指出：全球范围内 120 个 BRT 系统包含了 4 300 千米的公交专用道，它们每天约服务 28 000 000 个旅客。

2. HOV 专用道

另一个著名的专用道设置策略应用实例是 HOV 专用道，它通常在高峰期设置以供 HOV 使用，从而减少其运行时间。HOV 是指装载多个成员的车辆，有代表性的车辆有拼车车辆、公共车辆、公交车。与公交专用道一样，HOV 专用道通常也用特殊的标志标识加以区分。

通过 HOV 专用道，HOV 能够快速地通过高峰期拥堵的区域。因此，它吸引出行者，特别是通勤者，转向拼车出行。正如 Turnbull（1990）所述，HOV 专用道主要目的在于增加每个车辆的人数。Turnbull（2005）、Machemehl 等（2001）指出 20 世纪 60 年代的北美开通了世界上第一条 HOV 专用道。1980~1990 年，HOV 专用道也进入了快速发展的阶段，洛杉矶、纽约、旧金山、西雅图及华盛顿等城市已经广泛实施。据 Turnbull 和 DeJohn（2000）的报道，已经有约 3 701.49 千米的 HOV 专用道在美国 28 个大都市实施。Maclennan（1995）、Schijns（2001）报道 HOV 专用道已经不仅广泛实施于北美洲的 40 多个城市，还在其他国家（如英国、西班牙、澳大利亚及荷兰）实施。HOV 专用道鼓励出行者拼车，从而避免高峰期的交通拥堵，有助于用更少的车辆装载更多的人。因此，HOV 专用道设置策略已经被认为是一种有效提升路段使用率、缓解交通拥堵、减少碳排放及节约能源的交通管理方式。更多有关 HOV 专用道的应用信息可以参考 Fang 等（2013）的研究。

3. 满足特殊事件的临时专用道

专用道设置策略也被应用于一些大规模特殊事件，如大型运动会（如奥运会、大型博览会）。如今，这些大型特殊事件频繁地在各国的大城市里举办。在 2009 年约 70 场大型运动赛事在世界各地举办（Zhou，2014）。这些运动赛事通常要求组织者以快速、安全及可靠的方式将特定人员和物资从运动村运送至各比赛场馆。例如，2010 年广州亚运会承诺将运动员在 30 分钟内运送至各分散的体育场（Wu et al.，2009）。此外，2000 年悉尼奥运会、2004 年雅典奥运会、2008 年北京奥运会都实施了专用道设置策略。为了满足这些特殊的交通要求，组织者临时在某些路段上设置专用道以供运动会期间专用。

4. 自动卡车专用道

除以上应用之外，随着计算机技术和先进驾驶辅助系统（advanced driver assistance system，ADAS）的发展，自动驾驶进入我们的日常生活（Shladover，2010）。自动卡车有着显著的优点，如其能够提高运输安全性和运输效率、减少驾驶员的压力及燃料消耗。为实现高效、可靠、经济和安全的货物运输，自动卡车运输将会是一个可行的解决方案。在货物运输中使用自动卡车的关键问题之一是保障运输安全。与手动驱动的普通卡车相比，自动卡车必须有能力检测可能的危险并及时和正确响应。因此，确保安全和时间有效的自动卡车运输是必需的。为自动卡车提供优良的运输环境（如设置自动卡车专用道）十分必要。然而，虽然自动驾驶是当前热点话题之一，但是距离其广泛应用还有一段时间。

通过分析现有专用道设置应用现状可以发现：①公交专用道和 HOV 专用道等专用道设置策略已经被广泛应用于提升交通系统性能以达到减少交通拥堵的目的，并取得了良好的效果；②近年来，满足奥运会专用道等特殊事件的临时专用道在现实生活中有着广泛的应用，但主要集中在大型城市中，如北京、悉尼等；③虽然目前自动卡车专用道在现实生活中尚无应用，但是自动卡车专用道的设置能够灵活保证自动卡车的运输安全，促进自动驾驶和运输的发展，对其进行前期研究具有重要意义。

1.2.2 专用道设置理论研究综述

综上所述，专用道设置策略有多种应用，包括公交专用道、HOV 专用道、满足特殊事件的临时专用道、自动卡车专用道。由于专用道设置策略在现实中的广泛应用，在文献中也有了一系列有关专用道设置问题的理论研究。这些研究大致可以分为两类：一类关注单个路段层面专用道设置研究，另一类则关注交通网络层面专用道设置研究。接下来，本节将分别进行阐述。

1. 单个路段层面专用道设置研究综述

如上所述，为促进公交优先和缓解交通拥堵，公交专用道设置策略已经广泛应用于现实生活中。为了充分发挥公交专用道的价值，已经有大量的文献通过运用实证分析、仿真等方法从微观路段层面上研究了公交专用道设置类型、设置条件和形式，以及公交专用道的设置效益和影响。

公交专用道通常有两种类型：永久型和间隔型。因为永久型公交专用道独占一条车道，其他非公交车辆任何时间均不允许通过，它永久地减少了非公交车辆的路段可使用容量，这可能会对非公交出行带来严重的交通压力。因此，很多研究者建议实施间隔型公交专用道策略来提升路段车道的使用效率（陆建，2003；李铁柱等，2010；Viegas and Lu，2004；Viegas et al.，2007；Zhu，2010）。此外，Jepson 和 Ferreira（2000）指出，在特定路段上设置公交专用道应该考虑多个因素，如交通流量和路段状况。Seo 等（2005）为韩国首尔的公交专用道设置提出了一些指导性建议，总结得出当交通总流量和公交流量达到一定标准后，公交专用道有效性才能充分发挥。除了交通流量和路段状况等条件外，Eichler 和 Daganzo（2006）研究表明，在一个路段上设置间隔型公交专用道还应该考虑该路段上的公交车发车频率和公交车与非公交车的比例。张卫华等（2003）讨论了公交专用道的设置形式、尺寸及标准。此外，Black（1991）提出了城市主干道上公交专用道的效果评估模型。Gan 等（2003）也为在城市主干道上设置公交专用道提出了一个评估决策模型。

公交专用道设置策略实现了公交优先，提高了公交车的行驶速度和减少了公交车的运行时间。文献中已经有大量公交专用道的正面研究结果。Choi D 和 Choi W（1995）指出，在韩国，公共汽车运行时间显著减少，并且约 12%的汽车用户在实施公交专用道后转向公交车出行。Wei 和 Chong（2002）指出，通过设置公交专用道，昆明公共汽车平均速度提高了 58%，从 9.6 千米/小时提升至 15.2 千米/小时。Shalaby（1999）研究得出了类似的结论，在加拿大多伦多实施公交专用道后，其大大提升了公交系统性能和吸引力。以上这些研究结果表明：一方面，公交专用道能够提高公交系统的性能，进而提高公交出行的吸引力和增加公共汽车乘客数量。另一方面，设置公交专用道可能会对普通车道产生负面的交通影响。Arasan 和 Vedagiri（2008）、Fang 等（2013）开发了微观交通仿真模型模拟异构交通流情况下公交专用道设置对非公交车辆的影响。他们的研究表明：设置公交专用道后，公共汽车的速度显著提升，但是如需满足普通车道上非公交车辆的最低水平通行需求，对 11 米宽的路段而言，所允许的非公交车辆与路段容量的比例不能超过 0.53；对 14.5 米宽的路段而言，所允许的非公交车辆与路段容量的比例不能超过 0.62。Karim（2003）采用浮动车技术评估了公交专用道对非公交车辆运行时间的影响，研究发现：在早、晚高峰期间非公交车辆的平均运行时间大大增加。Chen 等（2010）采用微观交通仿真模型研究了交织路段上设置公交专用道对非公交车辆容量的影响，其研究表明：交织路段的长度和间隔在不同车道上设置公交专用道有不同的影响。Yang 和 Wang（2009）应用一个微观仿真工具研究了间隔型和永久型公交专用道设置对交通冲突与旅行时间等方面的影响，研究发现：设置间隔型和永久型公交专用道均能提升公交系统性能，但是也都会对临近的非公交车辆运行产生负面的交通影响，但是设置间隔型公交专用道产生的负面影响更小。

此外，也有许多文献采用实证分析的方法对 HOV 专用道的影响进行了研究。Martin 等（2002）通过两年的实证调查，对美国盐湖 I-15 高速公路上设置 HOV 专用道的影响进行了研究，并得出以下结论：①在早高峰期间，该专用道仅仅用 44%的车容纳了非 HOV 道路相同的人数；②HOV 专用道上的平均车容量增加了 17%；③HOV 专用道在早、晚高峰分别节省了乘客 13%和 30%的时间。Sullivan 和 Burris（2006）运用对比分析方法在效益和成本两方面（具体指标包括运行时间减少、碳排放减少、能源成本节约、运营和资本投入）评估了两个 HOV 专用道项目，分别为美国加利福尼亚州的 SR-91 和美国得克萨斯州的 Quick Ride。他们发现：两个项目都显著减少了旅行时间，以及两者的效益-成本比率，为 1.5~1.7。然而，HOV 专用道实施也存在一些负面影响。Fuhs 和 Obenberger（2002）报道了 1998 年新泽西州的一条

HOV 专用道因其低使用率而被迫关闭。Kwon 和 Varaiya（2008）采用实证数据评估和分析了美国加利福尼亚州的 HOV 专用道系统。他们指出：大部分 HOV 专用道能够实现运行时间的减少，但是也存在一些低使用率的 HOV 专用道，且不得不关闭。Dahlgren（1998）也指出，如果 HOV 专用道设置不恰当，其不一定比普通车道更有效率。

2. 交通网络层面专用道设置研究综述

尽管在微观路段层面上的专用道设置研究为交通管理决策者提供了丰富且有价值的信息，但是这些在微观路段层面上的研究成果并不能有效地指导如何从整个交通网络视角上进行最优的专用道设置决策。近年来，从交通网络视角考虑最优的专用道决策日益受到交通管理者和科学研究者的关注。由于该类问题的高复杂性，目前仅有少量研究考虑从交通网络视角上进行决策。

近年来，为满足自动卡车运输和大规模特殊事件等背景下的特殊交通运输需求，一些研究者从交通网络层面上研究最优的专用道设置决策。但是，在某一路段上设置公交专用道会对其邻近车道产生负面的交通影响。这些研究问题的目标在于最小化专用道设置总负面影响。这类交通规划问题被称为专用道设置优化问题。Wu 等（2009）建立了首个 ILP 模型，研究了大规模特殊事件背景下的专用道设置优化问题，该问题来源于满足 2010 年广州亚运会快速时间保证的运输任务，并提出了一个简单的启发式算法以获得所研究问题的满意解，但仅求解了最大规模 22 个节点和 22 个任务的问题。Che 等（2015）、Wu 等（2009，2013）分别设计了有效的元启发式算法，求解了上述所提出的专用道设置优化问题。Fang 等（2014）扩展上述专用道设置优化问题至一个带容量限制的专用道设置优化问题，其考虑了路段剩余容量约束，证明了该问题为 NP-难问题，提出了一个分割求解算法以获得问题的最优解，并通过测试最大规模为 120 个节点和 30 个任务随机生成算例对算法的有效性进行了验证。随后，为了求解更大规模带容量限制的专用道设置优化问题，Fang 等（2015）通过引入割平面技术改进了 Fang 等（2014）研究中的分割求解算法，求解得到了最大规模为 120 个节点和 40 个任务问题的最优解。另外，为实现安全和有效的自动卡车运输，Fang 等（2013）研究了一个 ATLRP，建立了该问题的整数规划模型，证明了问题的复杂度为 NP-难，并提出了一个改进的分割求解算法，求解了规模为 150 个节点和 30 个任务的问题。除以上研究外，Zhou 等（2013，2014）研究了危险品运输背景下的双目标专用道设置优化问题，其目标为最小化专用道设置负面影响和运输风险，提出了一个 ε-约束法和模糊逻辑相结合的方法获得一个满意 Pareto 优化解。Fang 等（2014）将 Wu 等（2009）考虑的专用道设置优化问题扩展至一个考虑时变路段行驶时间的专用道设置优化问题，并为该问题建立了一个混合整数非线性规划模型。在将该模型等价转化为线性模型后，提出了一种基于部分松弛技术的分割求解算法来解决该问题，并通过最大规模为 100 个节点和 20 个任务的随机生成算例证明了所提出算法的有效性。

此外，为通过在城市交通网络中合理地设置公交专用道以达到提升公交系统性能的目标，Mesbah 等（2011a，2011b）率先将交通网络中公交专用道设置优化问题考虑为一个 Stackelberg 领导-跟随者游戏，其中交通管理者充当领导者或专用道设置决策者，而系统使用者或出行者扮演追随者角色并为该问题建立了一个双层规划模型。上层模型旨在通过合理地设置公交专用道最小化用户旅行时间和车辆运营成本的加权，同时满足公交专用道设置最大预算约束。下层模型包含了三个子模型：交通方式划分（modal spilt）、用户均衡流量分配（user equilibrium traffic assignment）、运输任务分配（transit assignment）。他们开发了一个 Benders 分解（Benders decomposition）算法精确地求解该模型，但是该算法仅测试了一个含有 38 个节点和 9 条公交线路的例子。Yao 等（2012）在考虑公交专用优化设置的基础上集成了公交发车频率决策。他们为该问题开发了一个双层规划模型，以优化加权的用户出行和公交运作成本，应用遗传算法（genetic algorithm，GA）求解了一个 13 个节点和 6 条公交线路的例子。Khoo 等（2014）研究了一个公交专用道设置优化和调度的双目标优化问题（bi-objective optimization problem，BOOP），其两个优化目标是最小化公交车出行总时间和私家车出行总时间，其中交通分流影响和模式选择采用了微观仿真模型进行了模拟，提出了一个非支配排序遗传算法以获得 Pareto 优化解集，采用了一个 10 条线路的小规模算例对算法的性能进行了验证。此外，Sun 等（2014）为给定公交网络最优公交专用道设置开发了一个三层优化模型，并提出了遗传和模拟退火（simulated annealing，SA）相结合的算法求解该模型，应用一个 51 个节点和 9 条公交线路的算例验证了算法的性能。

1.2.3 专用道设置研究文献分析

通过对现有专用道设置研究文献的研究分析，可以发现以下几点。

首先，目前绝大多数研究集中于从微观路段层面上研究专用道设置的类型、条件和形式，以及效益和影响。微观路段层面上的专用道研究结果可以为交通管理决策者进行专用道决策时提供有价值的信息，但是以上相关研究结果不能有效指导交通网络层面上的最优专用道决策。

其次，虽然少量研究考虑了满足自动卡车和大规模事件等背景下的特殊运输需求的专用道设置优化问题，但是可以发现：①由于本书所研究问题的NP-难特性，上述文献中所提出的方法不能在合理的时间内求解大规模问题；②大多数研究假设路段行驶时间为静态不变的，尚未考虑路段行驶时间的时变性；③尚未有研究考虑公交运输背景下的专用道设置优化问题。

最后，已有一些研究考虑了从现存的公交网络中进行最优的公交专用道设置以提升公交服务水平。然而，从中可以发现：①所有的这些研究均假设公交线路和路径是已知的，即专用道设置仅从给定的公交线路上进行选择，但是，以上研究理论和方法不能直接应用于路径需要确定背景下的专用道设置优化。②现有研究的优化目标集中关注总的用户出行时间或/和车辆运营成本，但是没有考虑公交专用道的负面影响。保证车辆到达时间是评估公交运输服务水平的重要因素之一，但是现有研究并未考虑。③现有研究提出的方法仅能求解小规模的算例（即较少的网络节点和公交线路条数），且算法的有效性仅用一个或两个算例进行了测试。现有研究大多数采用遗传算法求解所研究的问题，但是并未验证求解质量。

综上所述，现有研究中有以下几点不足。

（1）文献中多数研究集中于从单个路段层面上研究公交专用道设置的类型、条件、形式，以及效益和影响，并取得了丰硕的研究成果。它们为城市交通管理者进行公交专用道设置提供了有价值的决策依据。然而，上述文献未涉及专用道的优化设置和公交专用道对整个交通网络产生的影响，因此对于交通网络视角下公交专用道设置优化不具备很强的实际指导意义。

（2）文献中针对大规模特殊事件、自动卡车及危险品运输等特殊运输需求背景下的专用道设置优化研究虽然采用了运筹优化方法，从整个交通网络层面上考虑了专用道的优化设置，但是上述研究存在以下问题与不足。一方面，优化目标主要涉及专用道设置对其他车辆运行的负面影响；另一方面，该类研究假设每个路段的影响为已知参数，未考虑专用道设置可能引起的网络交通流的变化。

（3）文献中已有研究考虑了从整个交通网络进行公交专用道设置优化以提升公交系统性能。然而，大多数研究假定公交网络已知，未考虑公交专用道设置可能带来的公交运行路径的变化；主要以优化用户总出行时间或相关运营成本为目标，尚少见同时考虑公交专用道设置正面效益和负面影响的研究成果；保证公交车辆快速准时到站是评估公交运输服务水平的重要因素，但是少有研究考虑此类公交运输需求。

（4）文献中交通网络视角下公交专用道设置优化问题大多数为单目标优化问题，少数多目标优化问题（multi-objective optimization problem，MOOP）主要采用元启发式算法以求得问题的近似 Pareto 前沿，且算法的有效性仅通过少量小规模算例进行了验证。对于交通网络视角下公交专用道设置多目标优化问题，尚缺乏能够求得 Pareto 前沿的有效算法。

1.3 本书的方法导论

1.3.1 单目标优化方法

本节简要阐述广泛应用的求解单目标优化问题（一般为 NP-难问题）的方法。这些方法可以简要划分为三类：精确算法、启发式算法及元启发式算法。不失一般地，下述组合优化问题在没有特别强调情况下都对应为目标最小化问题。

1. 精确算法

精确算法的显著优势是其能够保证获得解的最优性。然而，由于求解问题的 NP-难特性，精确算法的求解时间通常随着问题规模增加呈现指数级增长。本节首先综述两类广泛应用于求解单目标优化问题的精确算法，其次介绍用于求解本书所研究问题的精确算法。

1）动态规划算法

动态规划（dynamic programming，DP）算法由贝尔曼于 1965 年提出，它是一种常用于求解带有特殊属性问题的精确算法，这些问题的最优解可以通过求解其子问题获得。进一步来说，其主要思想是将一个复杂问题分解为一系列与原问题具有相同结构的子问题，且这种分解可以递归地进行。一些动态规划算法应用实例可以参考 Baptiste 和 Jouglet（2001）、Chebil 和 Khemakhem（2015）、Chu 等（2012）的研究。

2）分支定界算法

分支定界（branch-and-bound，B&B）算法是一种枚举技术，它通常用来求解一般的或不带特殊属性的 NP-难问题（Land and Doig，1960）。分支定界算法旨在通过探索尽可能多的研究问题的内在特性，如有效的上下界、强大的支配规则（dominance rule），找到一种最佳的方式有效枚举解决方案，从而可以智能地剔除部分支配解空间的枚举，达到仅需枚举仅有少量的解空间以获得问题最优解的目的。

分支定界算法已经被 Land 和 Doig（1960）推广至求解一般的线性规划问题，被 Little 等（1963）推广至求解旅行商问题，被 Ignall 和 Schrage（1965）推广至求解流水车间调度问题。分支定界算法已经被很多研究者广泛研究（Balas，1968；Lawler and Wood，1966；Little et al.，1963），也被广泛应用于求解组合优化问题（Akinc and Khumawala，1977；Baptiste et al.，2004；Che and Chu，2007；Liu et al.，2016）。

本质上，分支定界算法是一种迭代方法（也称作树搜索算法），它包含两个基本操作：分支和定界。

（1）分支。分支是将原始解空间（根节点）划分为对应于一组子问题的一组子空间（叶节点），然后通过精确求解覆盖原问题整个解空间所有子问题来获得原问题的最优解。重复对每个父节点进行分支以生成新的子节点集合，直到得到原问题的最优解。节点（子问题）集则构成了一个分层树。

（2）定界。针对搜索树的一个节点，定界就是通过所获得的上下界和支配规则来确定该节点是否潜在地包含原问题最优解。如果是，则该节点将被保持且分支得到一个新叶子（一个可行解）或新的下界。如果证明该节点不包含最优解，则节点将被剪除。

3）分割求解算法

针对本书中要解决的单目标优化问题，本书考虑了一类新型精确算法，即分割求解算法。该算法是由 Climer 和 Zhang（2006）在 2006 年提出的，用于求解非对称旅行商问题（asymmetric traveling salesman problem，ATSP），并取得了良好的效果。分割求解算法是一种特殊的分支定界搜索策略，在解搜索过程中树的每一层只有两个节点（Yang et al.，2012），这两个节点分别对应稀疏问题（sparse problem，SP）和剩余问题（residual problem，RP），因为搜索空间较小，SP 将被精确求解，而对应后一问题的节点则需要进一步分支。

不同于经典分支定界算法需要每次迭代时在每个变量上分支，分割求解算法通过一组变量进行分支（Yang et al.，2012）。鉴于以上特征，分割求解算法具有以下优点：①分割求解算法可以避免经典分支定界算法中常出现的"错误"分支现象；②经典的分支定界算法需要相当大的存储空间来将所有未探寻的节点存储在它们的搜索树中，与之相比，分割求解算法可以有效地保持搜索树的尺寸，且内存需求小得多。最近，分割求解算法也成功地应用于解决其他组合优化问题，如设施选址问题（Yang et al.，2012）。鉴于分割求解算法的显著优势和成功应用案例，本书将其应用于求解所研究的专用道设置优化问题。

分割求解算法的基本定理如图 1.1 所示。给定一个 ILP 模型，在分割求解算法的第 n 层（$n \geqslant 1$），分支树只有两个节点，分别对应于 SP_n 和 RP_n。这种分离是通过切割面（piercing cut，PC）生成技术实现的。SP_n 拥有相对小的解空间，可以容易地求解。由于 SP_n 是原问题的子问题，其最优解（如果存在）提供了原问题的一个上界，由 UB_n 表示。求解 SP_n 之后，它的搜索空间从当前解空间剔除。如果 UB_n 好于当前为止找到的最好上界 UB_b，则 UB_b 将由 UB_n 代替。由于 RP_n 问题解空间相对较大，难以被精确求解，故求解其线性松弛问题，提供 RP_n 的一个下界，由 LB_n 表示。如果 UB_b 小于或等于 LB_n，则 RP_n 的最优目标函数值都将大于或等于 UB_b，UB_b 将是原整数规划模型的全局最优值，分割求解算法至此终止。否则，RP_n 通过切割面生成技术进一步分成 SP_{n+1} 和 RP_{n+1}，开始一个新迭代。注意，根节点对应原问题。

为了更好地理解上述分割求解算法，下面进一步阐释几个关键点。

（1）每次迭代的 SP 对应于原问题的一个子问题，因此，其最优目标值是原问题的一个上界。当前最优上界在每次迭代改进时进行更新。

（2）当一个 SP 求解之后，其对应的解空间将从原始问题解空间中减去，因此，搜寻解空间的大小将迭代地减少。

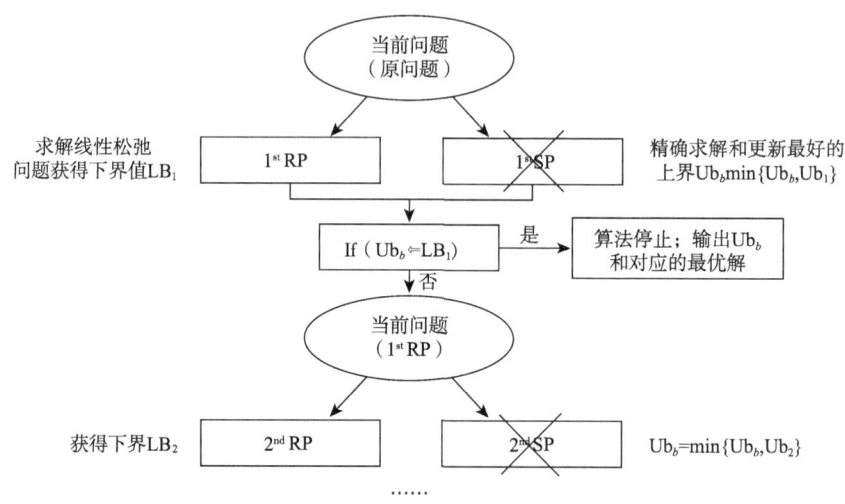

图 1.1 分割求解算法的基本定理

（3）因为 RP 的解空间很大，它的最优解一般很难精确求解，因此，仅解决相对应问题的线性松弛问题。

（4）如果 RP 的下界大于或等于到目前为止找到的最好上界，则 RP 的最优目标值必大于或等于找到的最好上界。这意味着 RP 没有比找到的最优解更好的方案。在这种情况下，迭代终止并获得原问题的最优解。

分割求解算法的最优性和终止性可以由以下两个定理保证。有关这两个定理的证明的更多细节，请参见 Climer 和 Zhang（2006）的研究。

定理 1.1：当分割求解算法终止时，当前的最好解则是原问题的一个最优解。

定理 1.2：如果原问题解空间有限，用于求解 RP 线性松弛问题以及 SP 的方法能够终止，则分割求解算法是保证终止的。

如前所述，在分割求解算法的每次迭代中，需采用切割面生成技术对当前问题进行分支，它在有效应用分割求解算法中起着重要的作用。因此，需要根据所研究问题的特点来有效设计切割面以提升算法的性能。SP 解空间应当足够小以便容易求解，同时它也应该足够大，使得它包含至少一个原问题的可行解；否则，无法更新最好上界。事实上，分割求解算法的效率高度依赖于生成适当的切割面。Climer 和 Zhang（2006）提出了分割面的一些理想性质，具体如下。

（1）生成切割面应当能够去除 RP 的线性松弛问题最优解以避免其在之后的迭代中反复出现。

（2）被切割生成技术切除的子空间应当足够小，这样产生的 SP 便可以相对容易求解。

（3）切割生成应尝试探索包含原问题最优解的"期望"子空间，这是因为分割求解算法直到在 SP 中找到原问题的最优解才会终止。

（4）切割子空间应至少包含一个可行的解决方案。

Climer 和 Zhang（2006）定义了一个变量集，它由检验数或判别数值大于给定值 α 的决策变量组成，检验数通过求解 RP 的线性松弛问题得到（每个变量具有一个检验数值）。然后，切割面定义为变量集中所有决策变量的值大于或等于 1。图 1.2 中给出了分割求解算法的基本步骤。在本书中，通过探讨新的切割面生成技术和加速方法，开发改进分割求解算法来更有效地解决所研究的问题。

步骤 1：将原问题定义为当前问题 CP_0，求解当前问题的线性松弛问题，令 $n=0$；

步骤 2：定义集合 $U_n=\{$检验数大于 α^n 的变量$\}$，产生切割面；

步骤 3：定义 SP_n 和 RP_n；

步骤 4：精确求解 SP_n 并得到原问题上界，UB_n；

步骤 5：如果 $UB_b < UB_n$，更新 $UB_b = UB_n$；

步骤 6：精确求解 RP_n 的线性松弛问题并获得下界 LB_n；

步骤 7：如果 $UB_b \geqslant LB_n$，输出最优目标函数值 UB_b 和对应的最优解，否则，将 RP 定义为当前问题，返回步骤 2。

图 1.2 分割求解算法的基本步骤

2. 启发式算法

启发式算法是一种为 NP-难问题快速提供可行解的方法，是基于经验的方法，通常根据问题的特性来设计。它能快速提供好的解，但是获得的解不保证是最优的。启发式算法可以嵌入精确方法（如分支定界算法和元启发式算法）中用于加速算法收敛，改善它们的性能。经典的启发式算法包括贪婪启发式（greedy heuristic）算法、基于拉格朗日算法的启发式算法（Lagrangian based heuristic）等。启发式算法应用于求解组合优化问题的实例可以参考 Allaoui 和 Artiba（2004）、Liu 等（2015）、Wu 等（2009）的研究。下面重点介绍应用于求解本书研究问题的一类启发式方法：核搜索算法。

核搜索算法作为一类迭代启发式算法，由 Angelelli 等（2010）提出，用于解决整数规划问题，如多维背包问题（multi-dimensional knapsack problem，MDKP）（Angelelli et al.，2010）和投资组合选择问题（portfolio selection problem，PSP）（Angelelli et al.，2012），其核心思想是识别变量的子集，并精确地解决受限于这些子集的系列限制子问题。最近，核搜索算法已经应用于指数跟踪问题（index tracking problem，IRP）、带容量限制的设施选址问题（capacitated facility location problem，CFLP）和单源带容量限制的设施选址问题（single-source capacitated facility location problem，SSCFLP）（Guastaroba and Speranza，2012a，2012b，2014）。以上研究成果促使本书应用核搜索算法来解决本书所研究的问题。本节首先阐述其基本原理和思想，其次给出算法基本步骤。

对于核搜索算法，一个核由一组"期望"变量组成，其中"期望"变量指的是在原问题最优解中可能取 1 的变量。一个受限于变量子集的子问题被称为限制子问题。这种限制等价于将其他变量的值设置为 0。核搜索算法旨在通过求解一系列限制子问题以获得原问题的近似最优解。

在核搜索算法的第一次迭代中，精确求解原问题的线性松弛问题，基于获得的解信息，如变量的值或/和它们的检验数值，通过预定准则对所有变量进行排序。例如，具有正值的变量根据它们的值非递增顺序排序，针对空变量（即取值 0 的变量），根据其检验数值非递减顺序排序，其旨于对所有变量按在原问题的最优解中取正值的非降概率进行排序。随后，通过从构建有序变量集合中选择前 C（一个给定参数）个变量来组成初始核，由 K_1 表示。剩余变量被划分为 m（一个给定参数）个有序的组，称为桶，定义为 $\{B_l\}$，$l=1,2,\cdots,m$。桶可以具有不同的长度。最后，最优求解受限于 K_1 的第一限制子问题。

在 KS 算法的剩余迭代中，需顺序地求解 n（$n \leqslant m$）个限制子问题，由 ILP（$K_l \cup B_l$）表示，其受限于变量集合 $K_l \cup B_l$。因为限制子问题的搜寻空间相对较小，它们相对容易地被精确求解。针对 $l \geqslant 2$，核需要进行如下更新：

$$K_l = K_{l-1} \setminus K_{l-1}^- \cup B_{l-1}^+, l \geqslant 2 \tag{1.1}$$

其中，$K_{l-1}^- \subseteq K_{l-1}$ 包含在集合 K_{l-1} 中但未在 ILP（$K_{l-1} \cup B_{l-1}$）和前 h 个子问题最优解中取正值的变量。这些变量不再考虑为"期望"变量。$B_{l-1}^+ \cup B_{l-1}$ 包含在 B_{l-1} 中且在 ILP（$K_{l-1} \cup B_{l-1}$）最优解中取正值的变量。

任何限制子问题的优化解都提供原问题的一个上界，这些子问题中的最好的解作为通过核搜索方法获得的最满意解。当进行了 $n+1$ 次迭代后,核搜索算法终止。图 1.3 描述了核搜索算法的基本步骤如下。本书开发了一个改进核搜索算法求解第 5 章中研究的公交专用道设置优化问题。

步骤 1:精确求解原问题的线性松弛问题;
步骤 2:定义初始核 K_1 和系列桶 B_l,$l=1,2,\cdots,m$;
步骤 3:精确求解受限于初始核的 ILP,令 $l=1$,设置参数为 n($n \leqslant m$);
步骤 4:while($l \leqslant n$)do;
步骤 5:更新当前核 K_l;
步骤 6:精确求解 $\text{ILP}(K_l \cup B_l)$;
步骤 7:end while;
步骤 8:输出最好可行解和对应的目标函数值。

图 1.3 核搜索算法的基本步骤

3. 元启发式算法

元启发式算法(Osman and Laporte,1996)是特殊的启发式算法。与通常针对特定问题设计的传统启发式算法不同,元启发式算法通常仅需要相对较少的问题结构信息,它可以探索较大的解空间,以获得更好的解决方案。一般说来,需要设计特殊的机制以跳出局部最优和增加获得最优解的概率。通常,首先设计传统的启发式算法用于生成初始解。其次根据某些规则迭代地改进初始生成解。它们通常通过设定最大迭代次数或给定计算时间来终止。虽然元启发式算法能够取得良好的性能,但是所获得解的最优性也是不能保证的。在现有文献中,已经存在许多元启发式算法求解各种优化问题,它们可以分为两类:一是基于邻域的探索,如 SA(Kirkpatrick et al.,1983)、禁忌搜索(tabu search,TS)(Glover,1989)、贪心随机自适应搜索(greedy randomized adaptive search procedure,GRASP)(Feo and Resende,1989)、可变邻域搜索(variable neighborhood search,VNS)(Mladenovic and Hansen,1997)等。二是涉及基于群体的元启发式算法,如遗传算法、蚁群算法(ant colony algorithm,ACO)、粒子群优化(particle swarm optimization,PSO)(Kennedy,2011)等。具体元启发式算法的应用可以参考 Fleszar 等(2009)、Gendreau 等(2008)、Lee 等(2010)、Pan 等(2008)、Pezzella 等(2008)、Vincent 等(2010)、Wang(2009)的研究。

1.3.2 多目标优化方法

不失一般地，一般的多目标优化问题（multi-objective optimization problem，MOOP）可以表示为

$$\min f(x) = \{f_1(x), f_2(x), \cdots, f_n(x)\}, \text{s.t. } x \in X \quad (1.2)$$

其中，X 是可行解的集合（也称为解空间）；$x \in X$ 是决策变量的向量；$f(x)$ 是目标向量；$Y = \{f(x) | x \in X\}$ 是目标空间。

一个多目标组合优化问题需要同时优化多个目标。此外，这些目标通常是相互冲突的。因为目标间的竞争性质，通常不存在一个最优解使得所有目标都达到优化，这是解决多目标组合优化问题的主要困难。决策者通常从一组参考解决方案中选择决策者倾向的方案，这些参考解在各个目标之间具有良好的权衡。这些参考解被称为 Pareto 最优解集。相关定义如下（Miettinen，2012）。

定义 1.1（支配关系）：对于任意两个解 x_1 和 x_2，x_1、$x_2 \in X$，当 $f_i(x_1) \leqslant f_i(x_2), i = 1, 2, \cdots, n$，且其中至少一个不等式是严格的时，则称 x_1 支配 x_2。

定义 1.2（弱 Pareto 最优）：当不存在 $x \in X$ 使得 $f_i(x) < f_i(x^*), i = 1, 2, \cdots, n$ 时，则解 $x^* \in X$ 被称为弱 Pareto 最优解，$f(x^*)$ 被称为 Pareto 最优目标向量或在目标空间弱非支配解（点）。

定义 1.3（Pareto 最优）：当不存在 $x \in X$ 使得 $f_i(x) \leqslant f_i(x^*), i = 1, 2, \cdots, n$，且至少一个是严格不等式时，则解 $x^* \in X$ 被称为 Pareto 最优解，$f(x^*)$ 被称为 Pareto 最优目标向量或在目标空间非支配解（点）。

多目标优化问题的 Pareto 最优性概念取代了单目标优化问题中的最优解。所有 Pareto 最优解的集合称为 Pareto 最优解集。Pareto 最优解对应目标空间中的非支配点（Miettinen，2012），所有非支配点的集合称为非支配集合。由目标空间中的所有非支配点形成的图像被称为 Pareto 前沿面（Pareto front）。作为前沿面的两个特殊点——理想点（ideal point）和最低点（nadir point）分别给出了 Pareto 最优集上各个目标函数值的下界与上界值。双目标优化问题是多目标组合优化问题的一种特殊情况，它仅考虑两个优化目标。双目标优化问题的理想点和最低点定义如下（Bérubé et al.，2009）。图 1.4 描述了双目标优化问题的这两个特殊点。

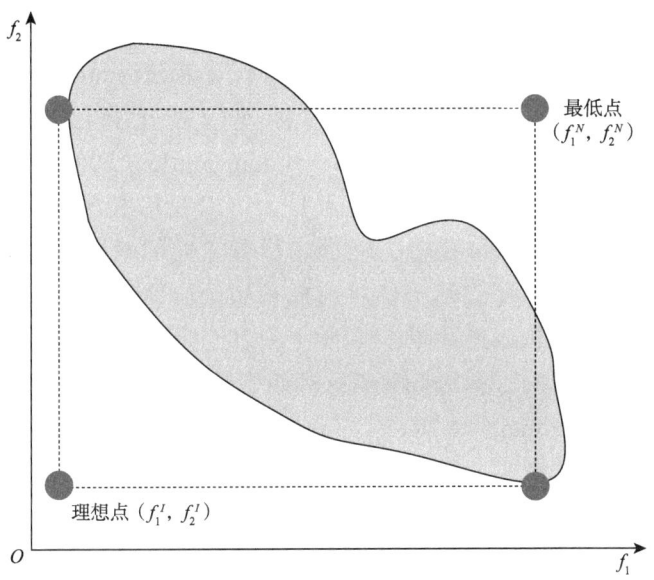

图 1.4 双目标优化问题的理想点和最低点

定义 1.4：向量 $f^I = \left(f_1^I, f_2^I\right)$，其中，$f_1^I = \min f_1(x)$, s.t. $x \in X$ 和 $f_2^I = \min f_2(x)$, s.t. $x \in X$ 代表双目标优化问题的理想点。

定义 1.5：向量 $f^N = \left(f_1^N, f_2^N\right)$，其中，$f_1^N = \min f_1(x)$, s.t. $f_2(x) = f_2^I, x \in X$ 和 $f_2^N = \min f_2(x)$, s.t. $f_1(x) = f_1^I, x \in X$ 代表双目标优化问题的最低点。

在过去几十年中，文献中已经有许多解决多目标优化问题的方法。基于处理目标的策略，它们主要分为两类：基于 Pareto 排序的进化算法（Pareto-based evolutionary algorithm）和标量化方法（scalarization method）。前者将基于 Pareto 排序方案引入进化搜索算法，如遗传算法。进化群体中的个体通常基于它们的支配关系来分类。后者的核心思想是将多目标优化问题转换为系列单目标优化问题。

1. 基于 Pareto 排序的进化算法

进化算法是快速生成 Pareto 解的常用方法。目前，大多数多目标进化算法采用 Pareto 排序方法来对进化种群中的个体进行分类，并以分配适当的适应度值来使得种群多样化。两种代表性的基于 Pareto 排序的进化算法：非支配排序遗传算法Ⅱ（nondominated sorting genetic algorithm, NSGA-Ⅱ）(Deb, 2002) 和强度 Pareto 进化算法 2（strength Pareto evolutionary algorithm,

SPEA-2)(Zitzler et al.,2001)已被广泛用于解决多目标优化问题。其他基于Pareto排序的进化算法包括多目标粒子群优化算法(multi-objective particle swarm optimization algorithm)和多目标差分进化算法(multi-objective differential evolutionary algorithm)(Sierra and Coello,2006)。

基于Pareto排序的进化算法的优点是,可以在每次迭代中生成多个解,从而快速计算近似的Pareto前沿。然而,尽管它们的解决方案效率通常非常高,但是其求解效率高度依赖于参数选择和初始群体生成。此外,获得的解决方案不能保证是Pareto最优的。本质上只知道所获得的解彼此互不支配。基于Pareto排序的进化算法求解多目标组合优化问题的应用实例可以参考Frutos等(2010)、Mandal等(2015)、Tang和Wang(2013)、Lücken等(2014)的研究。

2. 标量化方法

标量化方法通常用于产生多目标组合优化问题的Pareto前沿(即所有非支配解)。本书将分别描述两种最常用且广泛使用的标量化方法,即线性加权法和ε-约束法。

1)线性加权法

最流行和直接的标量化方法是线性加权法,它由Zadeh(1963)首次介绍,其目的是通过线性加权求和方式将多目标优化问题转换为单目标优化问题,即

$$\min \sum_{i=1}^{n} \gamma_i f_i(x) \qquad (1.3)$$

$$\text{s.t. } x \in X \qquad (1.4)$$

如果设置适当的权重,上述单目标优化问题的最优解将是一个Pareto最优解。转换的单个目标是所有目标的线性加权。因此,如果不是所有目标都可以由线性组合合理地表达,则该方法将不能适用。对于具有非对称目标空间的多目标优化问题,线性加权法是失效的(Ehrgott,2006)。此外,不恰当的权重设置可能导致过多的冗余迭代,增加计算时间。

2)ε-约束法

ε-约束法是由Haimes等(1971)提出的另一种标量化方法,该方法的目的是仅优化某个主要目标(决策者选择),而将其他目标转化为约束,称为ε-约束,即限制其他目标在允许的ε范围内。假设式(1.2)中的第m个目

标为优先考虑的目标,运用 ε-约束方法可以将一个多目标优化问题转换为单目标问题,如下所示:

$$P_m(\varepsilon): \min f_m(x) \tag{1.5}$$

$$\text{s.t. } f_i(x) \leqslant \varepsilon_i, i \in \{1,2,\cdots,n\} \setminus \{m\} \tag{1.6}$$

$$x \in X \tag{1.7}$$

其中,ε_i 的范围由理想点和最低点确定。针对以上问题,以下定理成立(Miettinen,2012)。

定理 1.3:如果一个向量 $\varepsilon=(\varepsilon_1,\varepsilon_2,\cdots,\varepsilon_{m-1},\varepsilon_{m+1},\cdots,\varepsilon_n) \in R^{n-1}$ 存在使得解 x^* 是 $P_m(\varepsilon)$ 的一个最优解,则 x^* 至少是弱 Pareto 最优解。

系统地改变 ε 向量,则通过精确求解一系列 ε-约束问题就可以获得一组 Pareto 最优解。理论上,如果以合适的方式赋值 ε 向量,可以求出多目标问题的 Pareto 前沿(Chankong and Haimes,2008)。与线性加权法相比,ε-约束法可以避免设置适当权重的困难,并解决具有非凸目标空间的多目标优化问题。

本书所研究的两个双目标专用道设置优化问题,考虑应用 ε-约束法精确地求解它们(即找到问题的 Pareto 前沿)。对于双目标优化问题,不失一般地,假定第一个目标为主要优化目标,那么它可以被转换为以下单目标优化问题。

$$P(\varepsilon): \min f_1(x) \tag{1.8}$$

$$\text{s.t. } f_2(x) \leqslant \varepsilon \tag{1.9}$$

$$x \in X \tag{1.10}$$

其中,ε 的值是通过计算理想点和最低点得到的(见定义 1.4 和定义 1.5)。Pareto 最优解总是可以通过给定的 ε 值最优求解约束问题 $P(\varepsilon)$(Bérubé et al.,2009)。只要知道如何系统地改变 ε 的值,则 Pareto 前沿可以通过求解 ε-约束问题获得(Chankong and Haimes,2008)。

对于双目标优化问题,传统的修改 ε 值的方法是均匀地将间隔划分为多个子间隔,并将每个间隔极限值作为 ε 的值。这种方法被称为等距离 ε-约束法(Zhou et al.,2013)。由于其简便且容易实现,已经应用于解决许多双目标优化问题。

然而,它不能保证找到所有非支配点。Bérubé 等(2009)基于逐渐减少 ε 的值定义一系列 ε-约束问题,并提出一个精确的方法来获得具有整数目标值的双目标优化问题的 Pareto 前沿。这种方法克服了等距离约束方法的缺点,本书称之为精确ε-约束法，其基本步骤如图1.5所示。

步骤1：计算$f^I=(f_1^I,f_2^I)$和$f^N=(f_1^N,f_2^N)$；

步骤2：令集合$Y_N'=\{(f_1^I,f_2^N)\}$，$\varepsilon_j=f_2^N-\delta$，$\delta=1$，令$j=2$；

步骤3：while（$\varepsilon_j \geqslant f_2^I$）do；

步骤4：精确求解问题$P(\varepsilon_j)$和获得其最优解x^*，将x^*对应的目标向量$f(\varepsilon_j)=(f_1(\varepsilon_j),f_2(\varepsilon_j))$添加至集合$Y_N'$；

步骤5：$\varepsilon_{j+1}=f_2(\varepsilon_j)-\delta$，$j=j+1$；

步骤6：end while；

步骤7：从Y_N'剔除支配点（如果存在）获得Pareto前沿Y_N。

图1.5 求解带有整数目标值双目标优化问题的精确ε-约束法的基本步骤

Bérubé等（2009）首先证明了精确ε-约束法获得具有整数目标值的双目标优化问题Pareto前沿的正确性，并将其应用于求解双目标旅行商问题。它通过逐步减少ε的值，构建一系列ε-约束问题，然后解决了这些单目标ε-约束问题获得整个非支配解集。该方法已成功应用于求解一些双目标优化问题的Pareto前沿，如斯坦纳树问题（Steiner tree problem，STP）（Leitner et al.，2013）、车辆路径问题（Reiter and Gutjahr，2012）。在精确ε-约束法中，ε的第$j+1$次迭代的值是第j次迭代的f_2最优值减去参数值1。因为对任意一个双目标整数规划问题，它任意两个非支配解f_2值的差不会小于1，因此，该方法不会失去非支配点。本书将扩展该精确ε-约束法至求解带有分数目标值双目标优化问题，并通过根据所研究问题的特征进一步改进算法性能。

1.4 本书的主要研究问题和思路

1.4.1 研究目标

本书的选题来源于国家自然科学基金项目"交通网络视角下公交专用道时空集成设置多目标优化研究"和福建省自然科学基金项目"考虑环境影响

的公交专用道设置多目标优化研究"等科研项目。针对现有的关于专用道设置优化研究主要集中于局部网络或单个路段视角评价等方面研究的不足,本书综合运用运筹优化、交通科学及计算机科学等相关理论,依托理论模型构建和优化算法开发手段研究面向多类不同需求的交通网络视角下专用道设置优化理论与方法,并对所提出理论与方法进行验证与评价,以求能够更加科学合理地设置专用道,丰富交通运输管理理论。

1.4.2 研究内容

本书主要探讨从宏观网络层面设置优化专用道以满足特殊交通运输需求和提升公交系统性能,同时最小化专用道设置对正常交通的负面影响。如前所述,现有满足特殊交通运输需求的专用道设置优化研究提出的研究方法仅能求解较小规模问题且未考虑路段行驶时间的时变性。因此,本书首先分别研究大规模 ATLRP 和考虑路网时变性的 RLRP。其次针对现有研究未涉及公交专用道设置优化的不足,分别研究公交运输背景下的专用道设置优化问题与公交专用道和公交线路集成设计优化问题。对每一研究问题,本书分别建立了问题的数学模型,分析了问题复杂度,并根据研究问题的特点和性质开发了优化求解算法。

本书主要研究成果和创新点如下。

(1)本书研究了大规模 ATLRP,并提出了改进 ILP 模型,证明了该问题属于 NP-难问题,分析得出了该问题的几种特殊情况为经典组合优化问题,并开发了基于问题特性的两阶段方法以快速获得大规模问题的最优解。

(2)本书研究了满足大规模事件背景下大规模专用道设置优化问题。针对该问题,建立了一个改进 ILP 模型,证明了该问题属于 NP-难问题,分析得出了缩小问题最优解空间的性质,并基于最优解性质开发了改进 QEA 以快速获得大规模问题的高质量满意解。

(3)本书研究了满足大规模事件背景下特殊交通需求的 RLRP。针对该问题,建立了一个多目标混合 ILP 模型,开发了 ε-约束法和分割求解相结合的方法获得了问题的 Pareto 前沿。其中,分割求解算法用于快速求解 ε-问题以加速算法收敛。同时,开发了该问题的预处理和加强技术,减少了解空间和无效迭代次数,提升了算法的性能。

(4)本书研究了满足快速可靠公交运输需求的公交专用道设置优化问

题。针对该问题，建立了两个 ILP 模型，分析了问题的复杂性，提出了有效不等式减少了问题最优解的搜寻空间。开发了精确的改进分割求解算法和启发式核搜索方法求解该问题。在改进分割求解算法中，提出了基于问题特性新的切割面生成技术，加速了算法的收敛；在核搜索算法中，提出了基于问题特征的限制问题构成方法，减少了最优解的搜寻空间。

（5）本书研究了一类 BLR-LDP，建立了该问题的非线性多目标混合整数规划模型，并将该非线性模型转化为一个等价的混合 ILP 模型，分析了问题复杂性，提出了有效不等式，并应用精确 ε-约束法将该多目标问题转化为一系列单目标整数规划 ε-问题，应用优化软件 CPLEX 求解这些问题获得问题的 Pareto 前沿解集合。

本书余下部分的研究内容如下：

第 2 章研究了大规模自动卡车专用道设置优化模型与方法。首先，论述该问题的背景，描述所研究的问题。在此基础上，为该问题建立了一个改进 ILP 模型，并研究得出模型的一些性质。其次，基于问题性质开发了一个快速的两阶段精确算法以求解大规模问题。最后，采用 C++语言对算法进行了编码实现，并应用基准算例和大量大规模随机生成算例对算法有效性进行了验证。

第 3 章研究了基于改进 QEA 的大规模专用道设置优化模型与方法。首先，论述了该问题的研究背景，并对所研究问题进行了详细描述。在此基础上，为该问题建立了一个改进 ILP 模型，并分析了问题的最优解性质。其次，基于研究得出的问题最优解性质开发了一个快速高效的改进 QEA 对问题进行求解。最后，采用 C++语言对算法进行了编码实现，并应用基准算例和大量大规模随机生成算例对模型和算法有效性进行了验证。

第 4 章研究了专用道设置鲁棒优化模型与方法。首先，论述了该问题的研究背景，详细给出了问题描述，提出了一种专用道鲁棒性度量方法，并在此基础上建立了多目标混合整数规划模型。其次，开发了基于问题特性的 ε-约束法和分割求解相结合的精确算法以获得问题的 Pareto 前沿最优解集合。最后，采用 C++语言对算法进行了编码实现，通过一个基于现实网络的基准算例和大量随机算例验证了算法的有效性。

第 5 章研究了公交专用道设置优化模型与方法。首先，论述了该问题的研究背景，给出了问题详细描述。在此基础上，为该问题建立了两个整数规划模型，证明了该问题属于 NP-难问题。其次，研究了问题的性质，并提出了基于问题特性性能的改进分割求解算法和核搜索启发式算法。该改进分割求解算法采用了新的切割面生成技术。最后，采用 C++语言对算法进行了编码实现，通过大量随机生成算例验证所提出算法的有效性。

第 6 章研究了公交专用道与公交线路设计集成优化模型与方法。首先，论述了该问题的研究背景，详细给出了问题描述。在此基础上，为该问题建立了一个多目标非线性混合整数规划模型，研究了问题性质，将上述非线性模型转化为一个等价的线性模型。其次，应用精确的 ε-约束法对该线性模型进行了求解以获得问题的 Pareto 最优解集。最后，采用 C++语言对算法进行了编码实现，通过基准算例和随机生成算例对模型的有效性进行了验证。

本书的结构安排见图 1.6。

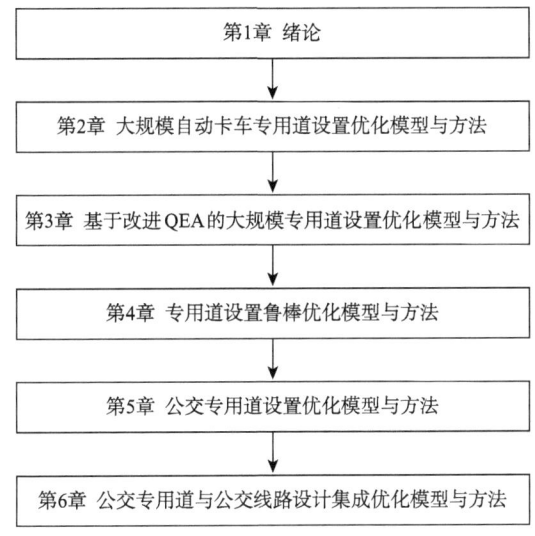

图 1.6 本书的结构安排

第2章 大规模自动卡车专用道设置优化模型与方法

2.1 引 言

如绪论所述，专用道作为一种灵活的交通管理策略，已在现实生活中得到广泛应用，并得到了研究人员和交通管理者的关注。同时，实施专用道设置策略可能对其他正常交通造成负面影响。目前，仅有少量文献考虑了交通网络视角下的专用道设置优化问题。由于问题的 NP-难特性，现有的方法难以在合理的时间内解决大规模问题。本章研究了专用道设置优化用于满足快速安全的自动卡车货物运输需求。

众所周知，货物运输是供应链的一个重要组成部分。它通过实现原材料和成品的有效流动来支持经济活动（Crainic, 2003）。正如 Crainic 和 Laporte1（1997）所指出的，交通运输成本是商品成本的重要组成部分，也是国家支出的一个重要组成部分。因此，有效的货物运输引起了广泛的关注。然而，日益增加的交通需求造成了越来越严重的交通拥堵，这导致货运中的许多问题，如低下的运输效率、不可预测的运输时间、交通事故、燃料浪费和安全问题等。这些问题越来越阻碍货物运输以高效、可靠和安全的方式运行（Fang et al., 2013）。因此，交通管理者正在寻找合适的方案以解决以上问题。如前所述，随着先进驾驶辅助系统的发展，自动驾驶已来到我们日常生活中（Shladover, 2010）。自动卡车有着显著的优点，如提高运输安全性和运输效率、减少驾驶员的压力和燃料消耗。为实现高效、可靠、经济和安全的货物运输，自动卡车运输是一个可行方案。在货物运输中使用自动卡车的关键问题之一是保障运输安全。与手动驱动的普通卡车相比，自动卡车必须有能力检测可能的危险并及时和正确响应。因此，确保安全和时间有效的自动卡车运输是必需的。设置自动卡车专用道将会是一种十分理想的解决方案，可以为自动卡车提供优良的运输环境。

可以预见，自动车辆和手动驱动车辆将在未来很长一段时间同时存在。由于较高的建设成本和有限的地理空间，难以新建自动卡车专用运输网络满足快速安全的自动卡车运输，故重新配置现有交通网络和充分利用现有网络将是一个重要的选择。专用道设置策略，即将现有运输网络中的某些车道转化为自动卡车专用道，能够灵活地满足上述快速安全自动卡车运输需求。由于专用道被自动卡车专用，交通网络中普通车辆可用的车道减少，因而会对剩余的普通车道造成负面的交通影响，如产生交通延误。因此，十分必要合理地设置专用道以满足安全和有效的自动卡车货物运输，同时尽量减少其对正常交通的负面影响。

本章研究了大规模 ATLRP。该问题旨在为一组自动卡车运输任务设计专用路径，使得它们可以安全地在给定的期限内完成。这些专用道保证了安全有效的自动卡车运输，但会对正常交通造成负面影响，如在普通车道上的行驶时间可能会增加。ATLRP 的目标是最小化所有专用道设置的负面交通影响。据我们所知，目前仅有 Fang 等（2013）研究了该问题。然而，从 Fang 等（2013）的研究中可以发现，由于 ATLRP 的 NP-难特性，其所开发的方法难以在合理计算时间内求解大规模 ATLRP，故开发更有效的优化方法求解大规模 ATLRP 十分必要，这是本章的关注点。与 Fang 等（2013）的研究相比，本章提出了几个有效不等式，改进了 Fang 等（2013）的研究中提出的 ILP 模型。实验对比结果表明：这些有效不等式能提高模型的求解效率。此外，本章还研究了 ATLRP 的几种特殊情况，发现它们属于经典的组合优化问题。然后，为了有效地求解 ATLRP，特别是对于大规模算例，本章开发了一种基于问题特性的快速两阶段精确算法。通过求解 120 个基准测试和 285 个新生成算例表明：本章所提出的算法比现有算法更加有效，能够在规定时间内求得最大规模达 700 个节点和 55 个任务问题的最优解。

2.2　问题建模

2.2.1　问题描述和基本数学模型

该问题可定义在一个交通网络上,其可以由有向图 $G(N, A)$ 表达,其中,N 代表网络节点集合,A 代表弧的集合。一个节点可以看作一个道路交叉点,一条弧则可表示一个路段。给定一组自动卡车运输任务和其对应起始-目的地(origin-destination,OD)对,ATLRP 旨在从现有网络中选择路段设置自动卡车专用道,为每个任务设计专用运输路径,保证其可以在规定的时间内完成。但是,设置自动卡车专用道减少了其他车辆可用的车道数,会增加普通车道上的行驶时间。ATLRP 的优化目标是最小化专用道设置产生的总负面影响。

为了更好地建立 ATLRP 的数学模型,Fang 等(2013)提出了以下假设。首先,在每个路段上最多允许设置一条专用道。其次,为保证运输安全,每个任务从其起点到目的地只有一条路径且该路径只由专用道组成。最后,每个路段上至少有两个车道。ATLRP 的参数和决策变量如下所示。

(1)集合与参数:
N:节点集合,$i \in N$;
A:弧的集合,$(i, j) \in A$;
K:任务的集合,$k \in K$;
O:任务的起点集合,$O \subseteq N$;
D:任务的终点集合,$D \subseteq N$;
o_k:任务 $k \in K$ 的起点,$o_k \in O$;
d_k:任务 $k \in K$ 的终点,$d_k \in D$;
T_k:任务 $k \in K$ 给定的运输时间;
τ_{ij}:在弧 $(i, j) \in A$ 的专用道上的运行时间;
C_{ij}:在弧 $(i, j) \in A$ 设置专用道对其他正常交通的影响。

(2)决策变量:
z_{ij}:$z_{ij}=1$,若在弧 $(i, j) \in A$ 设置专用道;否则 $z_{ij}=0$。

x_{ij}^k：$x_{ij}^k=1$，若在弧（i, j）$\in A$ 设置专用道且任务 $k \in K$ 经过该弧；否则 $x_{ij}^k=0$。

在给出改进模型之前，首先给出 Fang 等（2013）提出的基本 ILP 模型：

$$P_l: \min \sum_{(i,j) \in A} C_{ij} z_{ij} \tag{2.1}$$

$$\text{s.t.} \sum_{(o_k, i) \in A} x_{o_k i}^k = 1, \forall k \in K \tag{2.2}$$

$$\sum_{(i, d_k) \in A} x_{i d_k}^k = 1, \forall k \in K \tag{2.3}$$

$$\sum_{j:(i,j) \in A} x_{ij}^k = \sum_{j:(j,i) \in A} x_{ji}^k, \forall j \in N \setminus \{o_k, d_k\}, \forall k \in K \tag{2.4}$$

$$\sum_{(i,j) \in A} x_{ij}^k \tau_{ij} \leq T_k, \forall k \in K \tag{2.5}$$

$$x_{ij}^k \leq z_{ij}, \forall (i, j) \in A, \forall k \in K \tag{2.6}$$

$$z_{ij} \in \{0, 1\}, \forall (i, j) \in A \tag{2.7}$$

$$x_{ij}^k \in \{0, 1\}, \forall (i, j) \in A, \forall k \in K \tag{2.8}$$

其中，目标（2.1）是最小化所有专用道设置造成的总负面影响。约束（2.2）~约束（2.4）保证了对于每个 OD 存在一条可行路径。更进一步来讲，约束（2.2）和约束（2.3）分别表示只存在一个从起始点 o_k 出来的弧和一个进入目的地点 d_k 的弧。约束（2.4）为流平衡约束。约束（2.5）表示任务 k 从其起点到目的地运行总时间不应超过其运输时间限制。约束（2.6）表示任务 k 可以通过弧（i, j）$\in A$ 上的专用道当且仅当该路段设有专用道。约束（2.7）和约束（2.8）为决策变量约束。接下来，基于以下几点观察，对上述模型进行改进。

2.2.2 改进的数学模型

性质 2.1：对于任何任务 $k \in K$，其运输路径上不会存在进入它起点和从它终点出去的弧。

通过性质 2.1，可以增加以下有效不等式至 P_l。

$$\sum_{(i, o_k) \in A} x_{i o_k}^k = 0, k \in K \tag{2.9}$$

$$\sum_{(d_k, j) \in A} x_{d_k j}^k = 0, k \in K \tag{2.10}$$

很显然,由于部分变量能预先确定,约束(2.9)和约束(2.10)能够减少问题最优解搜索空间。

性质2.2:对于任何任务 $k \in K$,在交通网络上的节点最多经过一次。

值得注意的是,如果网络中的节点通过任务多于一次(即在任务运输路径上存在循环),显然在该情况下产生的负面影响肯定会比没有循环的情况更大。通过性质2.2,以下约束也可以添加至 P_l。

$$\sum_{j:(i,j) \in A} x_{ij}^k \leq 1, \forall j \in N \setminus \{o_k, d_k\}, \forall k \in K \quad (2.11)$$

$$\sum_{i:(i,j) \in A} x_{ij}^k \leq 1, \forall i \in N \setminus \{o_k, d_k\}, \forall k \in K \quad (2.12)$$

约束(2.11)和约束(2.12)也是有效的不等式,它们能够缩小原问题的最优解搜索空间。综上,通过性质2.1和性质2.2可得到以下改进模型。

$$P_l': \sum_{j:(i,j) \in A} C_{ij} z_{ij}$$

s.t. 约束(2.2)~约束(2.12)

与原模型相比,改进后的模型多了 $\sum_k (|A_k^-| + |A_k^+|) + 2|K|(|N| - 2)$ 个约束,其中,$|A_k^-|$ 和 $|A_k^+|$ 分别指起点弧和进入终点弧的数量。通过约束(2.9)和约束(2.10)预先固定 $\sum_k (|A_k^-| + |A_k^+|)$ 个变量的值与增加有效不等式(2.11)和有效不等式(2.12)能够减少问题最优解搜寻空间。

Fang等(2013)指出了ATLRP属于NP-难问题,但尚未给出相关证明。ATLRP的复杂性可证明如下。

定理2.1:ATLRP属于NP-难问题。

证明:该证明是受限最短路径问题(constrained shortest path problem,CSPP)归约至ATLRP的一种特殊情况。考虑以下一个受限最短路径问题实例。给定一个有向图 $G' = (N', A')$,不同的两个节点 s、t 和一个正值 T,其中,弧 $(i,j) \in A'$ 分别带有权重 $c_{ij} > 0$(即成本)和 $d_{ij} > 0$(即延误)。受限最短路径问题旨在找到节点 s 至 t 最小成本路径,且其总延迟小于或等于 T。

然后,考虑如何将上述CSPP例子转换为仅有一个任务的特殊ATLRP。首先定义该任务为任务1,其次将 (N', A') 映射到 (N, A)(即 N' 和 A' 分别映射到 N 和 A),s 映射到 o_1,t 映射到 d_1。令 C_{ij}、τ_{ij} 和 T_1 分别等于 c_{ij}、d_{ij} 和 T。通过这样的线性变换,一个CSPP例子转化为仅有一个任务的ATLRP。CSPP属于NP-难问题(Xiao et al.,2005),因此仅含一个任务的ATLRP也是NP-难问题。当然,在一般情况下,ATLRP也属于NP-难问题。

2.3 性 质 分 析

本节首先研究几种特殊 ATLRP,其研究意义在于如果这些特殊情况对应于经典优化问题,则其可以直接应用现有方法进行有效求解。其次研究一般情况下的 ATLRP,并得到问题的性质。

2.3.1 特殊情形

情况 2.1:仅有一个任务且运输时限足够大的 ATLRP。

当任务的运输时限足够大时,则 ATLRP 运输时间限制约束可以被松弛。显然,情况 2.1 对应的特殊 ATLRP 等价于寻找最小负面影响的一条专用路径。针对该情况,得出以下性质。

性质 2.3:ATLRP 在情况 2.1 下等价于一个最短路径问题。

情况 2.1 中所述特殊 ATLRP 是一个多项式可解问题,因为最短路径问题可以通过 Dijkstra(1959)最短路径算法有效地求解且时间复杂度为 $O(|N|^2)$。

情况 2.2:仅有一个任务且运输时间受限的 ATLRP。

基于之前的复杂性证明,有以下性质。

性质 2.4:情况 2.2 中的 ATLRP 等价于受限最短路径问题。

情况 2.2 中 ATLRP 属于 NP-难问题,可以应用拉格朗日松弛算法(Xiao et al.,2005)有效求解。

情况 2.3:运输时限足够大的单个出发点的 ATLRP。

针对这种情况,以下性质成立。

性质 2.5:ATLRP 在情况 2.3 下等效于有向斯坦纳树问题(directed Steiner tree problem,DSTP)。

证明:考虑一个 DSTP 例子,具体如下:给定有向图 $G=(V, E)$,每条边具有正权重,一组顶点 $V' \subseteq V$,一个根节点 r。$i, j \in N$,边 $(i, j) \in E$,边的权重由 w_{ij} 表示。该 DSTP 旨在找到根节点为 r 的最小权重向外分支树 T,使得由 r 至每一个终端顶点的权重和小于等于 T。

将图 $G=(V, E)$ 映射到图 $G=(N, A)$(即 V 和 E 分别映射到 N 和 A),

V' 映射到 D，以及 r 映射到唯一的原始节点。令权重 C_{ij} 等于 w_{ij}。显然，设计具有专用道影响任务路径等价于找出最小权重向外分支树 T。通过这种线性变换，则 DSTP 归约为特殊情况 2.3 下的 ATLRP。

因为 DSTP 是经典的 NP-难问题（Karp，1972），则情况 2.3 中的 ATLRP 也属于 NP-难问题，但它可以有效地通过对偶上升法求解（Wong，1984）。

2.3.2　一般情况

通常，ATLRP 包含多个任务，不同的任务允许共享专用道。因为需要最小化专用道设置的负面影响，因此任何任务的运输路径可能受其他任务运输路径的影响。所以，任何任务的路径可能不是其对应受限最短路径问题的最优路径。也就是说，求解一个 ATLRP（$|K|>1$）问题不等价于独立求解$|K|$受限最短路径问题。对于一般情况下的 ATLRP，有以下性质。

性质 2.6：求解具有多个任务的 ATLRP 等价于为每个运输任务找到一条满足其运输时限的路径以形成最优的路径组合使得专用道设置总负面影响最小。

如前所述，可知仅有一个任务的 ATLRP（即使是在无环网络情况下）属于 NP-难问题。这意味着通常情况下的具有多个任务有环网络中的 ATLRP 更难以解决。在 2.4 节中，我们将致力于开发有效算法求解一般情况下的 ATLRP。

2.4　两阶段精确算法

对于一般情况下的 ATLRP，Fang 等（2013）提出了一个基于分割求解的精确算法，其可以在 18 000 秒（计算机中央处理器所用时间）内解决最大规模为具有 150 个节点和 30 个任务的算例。在本章中，开发了一个新的快速两阶段精确算法有效地解决一般情况下的大规模 ATLRP。该算法由两个主要阶段组成：第一阶段，枚举每个任务 $k \in K$ 满足运输时限约束的所有可行路径；第二阶段，确定一个最优的专用道方案及对应的任务路径。具体算法详细介绍如下。

2.4.1 任务可行路径枚举

如性质 2.4 所述，仅有一个任务的 ATLRP 是一个受限最短路径问题，其旨在找到一条满足运输时限约束的最小影响路径。因此，对于任何任务 $k \in K$，令 P_k 表示满足任务 k 时限要求的所有无环路径的集合。

性质 2.7：ATLRP 的最优解中任务 $k \in K$ 的路径必定在集合 P_k 中。

由上可知，确定任务 $k \in K$ 的集合 P_k 相当于在交通网络图 G 中找到所有行程时间小于或等于 T_k 的无环路径。该问题可以通过应用 Yen（1971）的 K-最短路径算法进行求解，其时间复杂度为 $O[\,K|N|(|A|+|N|\log|N|)\,]$（Bouillet, 2007），它属于一种偏差算法，其能快速排列给定节点对前 K 个无环路径。为了更有效地获得集合 $P_k(k \in K)$，在应用 Yen（1971）的 K-最短路径算法之前，先减少任务可行路径的搜索空间。对于 $k \in K$，$(i, j) \in A$，定义可能经过的弧集合 A_k 如式（2.13）所示：

$$A_k = \{(i,j) \mid \varphi(o_k,i) + \tau_{ij} + \varphi(j,d_k) \leqslant T_k\}, k \in K \tag{2.13}$$

其中，(o_k,i) 和 (j,d_k) 分别表示当交通网络中每条弧都有专用道时从 o_k 到 i 和从 j 到 d_k 的最短路径。值得注意的是，对于任务 $k \in K$，其运输路径上肯定不会经过集合 $A \setminus A_k$ 中的弧，否则，将违反其时限约束。换句话说，集合 A_k 仅包含任务 $k \in K$ 可能经过的弧。由于集合 A_k 是 A 的一个子集，显然将加速任务 k 可行路径的枚举。

如上所述，在获得每个 $k \in K$ 的集合 P_k 之后，任何任务的路径不能简单地确定为在集合 P_k 中具有最小负面影响的那一条。基于性质 2.6，一般情况下的 ATLRP 旨在找到最好的任务专用运输路径组合以最小化专用道设置总负面影响。

2.4.2 最优专用道方案和任务路径确定

第一阶段确定了每个运输任务的可行路径集合 P_k。第二阶段我们提出一个整数规划方法来确定最优专用道设置方案和任务路径。为建立该最优专用道和任务运输路径的数学模型，需先定义一个参数 δ_{pij}^k，其中，如果路径 $p \in P_k$ 经过弧 $(i, j) \in A_k$，则 $\delta_{pij}^k = 1$，否则 $\delta_{pij}^k = 0$。此外，为建立问题的数学模型，引

入一个新变量 y_p^k，其定义如下：

y_p^k：$y_p^k = 1$，如果路径 $p \in P_k$ 被选择；否则 $y_p^k = 0$。

基于上述定义，用于确定最优专用道设置方案和任务运输路径的整数规划模型建立如下：

$$P_l'': \min \sum_{(i,j) \in A} C_{ij} z_{ij}$$

$$\text{s.t.} \sum_{p \in P_k} y_p^k = 1, \forall k \in K \qquad (2.14)$$

$$\sum_{p \in A} \delta_{pij}^k y_p^k \leqslant z_{ij}, \forall (i,j) \in A, \forall k \in K \qquad (2.15)$$

$$z_{ij}, y_p^k \in \{0,1\}, \forall p \in P_k, \forall (i,j) \in A, \forall k \in K \qquad (2.16)$$

其中，约束（2.14）表示仅有一条可行路径从可行集合 P_k 中选出。约束（2.15）保证了当路径 p 经过弧（i，j）$\in A$ 且仅当弧（i，j）$\in A$ 设有专用道时，任务 $k \in K$ 的路径才能经过该弧。约束（2.16）定义了变量范围约束。注意，以上模型是一个整数线性模型，它能够通过优化软件（如 CPLEX）进行精确求解。

2.4.3 算法流程

求解大规模 ATLRP 的两阶段精确算法如图 2.1 所示。

第一阶段：

步骤 1：初始化 $P_k = \emptyset$，$\forall k \in K$，令 $k = 0$；

步骤 2：while（$k \leqslant |K|$）do；

步骤 3：令 $l = 1$；

步骤 4：对于运输任务 k，根据约束（2.13）定义集合 A_k；

步骤 5：针对任务 OD 对（o_k, d_k），应用 Yen 的 K 无环最短路径算法计算获得第 l 短运输路径，并记录运输时间 d_l^k 和它对应的路径 p_l^k；

步骤 6：if $d_l^k \leqslant T_k$，$P_k = P_k \cup \{p_l^k\}$，$l = l+1$，返回步骤 5，否则，$k = k+1$，返回步骤 2；

步骤 7：end while；

步骤 8：输出 P_k，$\forall k \in K$。

第二阶段：

步骤 9：根据第一阶段获得的 P_k，$\forall k \in K$ 构建模型 P_l''；

步骤10：应用优化软件求解模型 P_I''；

步骤11：输出最优解的专用道方案和对应任务运输路径。

图2.1 求解大规模ATLRP的两阶段精确算法

2.5 模型与算法验证

本节通过数值计算实验来评价所提出模型和算法的性能。在程序实现上，本节采用C++语言作为程序开发工具，并应用了Yen（1971）的 K-最短路径算法和CPLEX（版本12.6），CPLEX在默认的参数设置条件下运行。所有的计算实验都是在2.5GHz主频和2.95GB内存的个人计算机上进行的，其操作系统为Windows 7。

为全面评估所提出算法的性能，本节共测试了405个算例（81组×5个/组），其中包括来自Fang等（2013）的120个基准算例和285个新生成的更大规模算例。新产生的算例根据Fang等（2013）提出的方式生成，具体如下：交通网络 $G(N,A)$ 由Waxman（1988）提出的网络拓扑模型生成。进一步来讲，网络 $G(N,A)$ 的节点随机分布在[0, 100]×[0, 100]的正方形区域中，节点 i 和 j 之间是否存在弧由概率函数 $\alpha \exp(-L_{ij}/\beta L_{\max})$ 决定，其中，L_{ij} 和 $L_{\max}$ 分别是节点 i 和 j 之间的欧氏距离和任意节点对之间的最大欧氏距离。起始点 o_k 和目的地点 d_k，$k \in K$，从集合 N 中随机选择生成。参数 τ_{ij} 根据 L_{ij}/V 计算，其中，V 表示设置专用道时弧 (i,j) 上的平均速度，设置为60。参数 τ_{ij}' 表示未设置专用道时弧 (i,j) 上的平均行驶时间。τ_{ij}' 的值根据 $L_{ij}/V\phi_{ij}$ 生成，其中，ϕ_{ij} 在区间[0.5, 0.8]中生成。在弧 (i,j) 上设置专用道的负面影响定义为 $C_{ij} = r_{ij}\tau_{ij}'$，其中，$r_{ij}$ 为一给定参数。任务 $k \in K$ 的运输时限定义为 $T_k = L_k + \lambda(L_k' - L_k)$，其中，$L_k$ 和 L_k' 分别是网络中所有弧都设置和未设置专用道时从起始点 o_k 到目的地点 d_k 的最短行驶时间，λ 为给定参数。在默认情况下，r_{ij} 在区间[0.2, 0.3]中随机生成，λ 在区间[0, 1]中随机生成。

交通网络 G 的平均网络节点密度 ρ 定义为 $2|A|/|N|$，其中，$|A|$ 和 $|N|$ 分别表示网络 G 的弧的个数和节点个数。为简便起见，令 CT_0' 表示CPLEX用于求解Fang等（2013）中模型 P_I 所花费的平均计算时间；CT_0 表示

CPLEX 求解改进模型 P'_l 所花费的平均时间；CT_{cs} 表示 Fang 等（2013）提出算法的平均求解时间；CT_{tp} 表示本章提出的两阶段算法的平均计算时间。此外，令 CT_{tp-f} 和 CT_{tp-s} 分别表示本章提出算法的第一阶段和第二阶段所花费的平均计算时间。与 Fang 等（2013）一样，所有算法计算时限均设为 18 000 秒。

2.5.1 模型验证

本节通过求解多个基准算例来评价所提出改进模型的性能。为了证明所提出的改进模型（详见 2.1 节）更加有效，将其与 Fang 等（2013）研究的模型进行比较。模型对比计算结果如表 2.1 所示。时间节省比例定义为现有模型与改进模型计算时间之差比上现有模型计算时间。

表 2.1 $|N|$=60、70、80、90 算例的对比实验结果

算例组	$|N|$	$|K|$	ρ	CT'_0/秒	CT_0/秒	$(CT'_0 - CT_0)/CT'_0$
1	60	25	7	9.95	6.75	32.16%
2	60	30	7	26.73	22.89	14.37%
3	70	25	7	40.99	36.25	11.56%
4	70	30	7	93.11	64.78	30.43%
5	80	25	7	46.62	36.19	22.37%
6	80	30	7	124.76	102.64	17.73%
7	90	25	7	171.08	99.24	41.99%
8	90	30	7	317.12	302.96	4.47%
平均				103.80	83.96	19.11%

从表 2.1 可以看出，所提出改进模型的计算时间 CT_0 均小于现有模型的计算时间 CT'_0，前者与后者相比节省了 19.11% 的平均时间。这表明改进的模型 P'_l 比由 Fang 等（2013）提出的模型 P_l 更有效。

2.5.2 算法验证

为了评价所提出算法的性能,首先测试来自文献 Fang 等(2013)的基准实例,比较本章所提出两阶段算法和 Fang 等(2013)提出的算法的计算时间。测试实验结果如表 2.2 和表 2.3 以及图 2.2 和图 2.3 所示。时间节省比例定义为文献中算法与本章提出算法的计算时间之差比上现有模型计算时间。

表 2.2 |N|=100 算例的对比实验结果

算例组	$|N|$	$|K|$	ρ	CT_{cs}/秒	CT_{tp-f}/秒	CT_{tp-s}/秒	CT_{tp}/秒	CT_{cs}/CT_{tp}
9	100	10	5	1.59	3.42	0.39	3.80	0.42
10	100	15	5	1.56	1.52	0.35	1.97	0.79
11	100	20	5	41.82	8.68	0.95	9.64	4.34
12	100	25	5	37.21	57.98	7.05	65.03	0.57
13	100	30	5	63.45	3.80	1.09	4.89	12.98
14	100	10	7	6.41	0.52	0.09	0.62	10.34
15	100	15	7	62.32	2.46	0.26	2.72	22.91
16	100	20	7	315.98	2.87	0.32	3.19	99.05
17	100	25	7	1 193.88	1.75	0.24	1.98	602.97
18	100	30	7	1 288.72	1.75	0.30	2.05	628.64
19	100	10	12	18.67	2.45	0.22	2.67	6.99
20	100	15	12	78.30	5.79	0.36	6.14	12.75
21	100	20	12	496.89	67.25	16.23	83.48	5.95
22	100	25	12	1 590.22	10.61	0.77	11.38	139.74
23	100	30	12	8 900.67	197.38	883.58	1 080.95	8.23
平均				939.85	24.55	60.81	85.37	11.01

表 2.3 |N|=110、120、130、140、150 算例的对比实验结果

算例组	$|N|$	$|K|$	ρ	CT_{cs}/秒	CT_{tp-f}/秒	CT_{tp-s}/秒	CT_{tp}/秒	CT_{cs}/CT_{tp}
24	110	10	7	6.27	6.07	0.58	6.65	0.94
25	110	15	7	18.02	7.93	0.85	8.78	2.05
26	120	15	7	103.29	16.20	1.70	17.90	5.77
27	120	20	7	121.68	4.56	0.55	5.11	23.81
28	130	20	7	299.71	7.68	0.59	8.28	36.20
29	130	25	7	1 406.91	9.36	0.61	9.97	141.11
30	140	25	7	1 575.25	5.19	0.51	5.70	276.36
31	140	30	7	1 686.95	17.05	1.31	18.36	91.88
32	150	30	7	1 878.07	100.21	8.09	108.31	17.34
平均				788.46	19.36	1.64	21.01	37.53

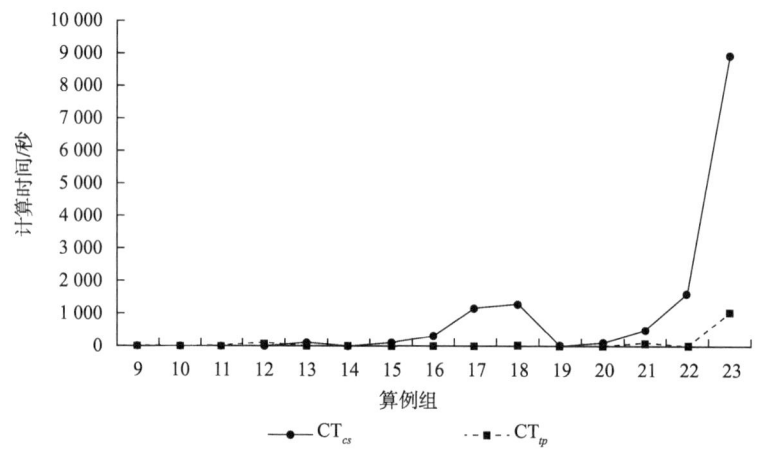

图 2.2 |N|=100 算例的对比实验结果

表 2.2 和图 2.2 给出了固定节点数 |N|=100，平均网络节点密度 ρ 分别为 5、7、12 算例的对比实验结果。从表 2.2 可以看出，文献中算法的平均计算时间 CT_{cs} 在 1.56 秒和 8 900.67 秒之间变化，平均值为 939.85 秒，而本章所提出算法平均计算时间 CT_{tp} 仅在 0.62 秒和 1 080.95 秒之间变化，平均值

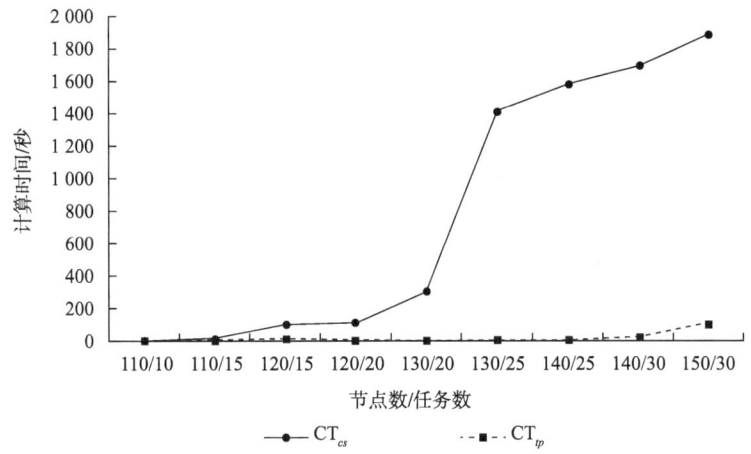

图 2.3　|N|=110、120、130、140、150 算例的对比实验结果

为 85.37 秒。在算例组 9~23 中，除了小规模算例组 9、算例组 10 和算例组 12 之外，CT_{tp} 均小于 CT_{cs}，且后者的平均值是前者的 11 倍。这表明本章所提出算法在计算效率方面比文献中的算法更加有效。此外，给定网络节点密度，CT_{cs} 随任务数量 |K| 的增大急剧增加，特别是对于较大节点密度 7 和 12，而 CT_{tp} 的变化相对较小，且其不一定随任务数目 |K| 增加而增加。例如，当 |K| 从 20 增加到 25 时，算例组 16 和算例组 17 的 CT_{tp} 从 3.19 秒减少到 1.98 秒。如图 2.2 所示，从算例组 21~算例组 23，CT_{cs} 迅速增加，而 CT_{tp} 增加相对平缓。

另外，在算例组 9 至算例组 23 上可以观察到 CT_{tp-s} 与 CT_{tp-f} 存在正相关关系，即 CT_{tp-f} 越大，CT_{tp-s} 也越大。例如，对于算例组 11 和算例组 12，CT_{tp-f} 分别为 8.68 秒和 57.98 秒，CT_{tp-s} 分别是 0.95 秒和 7.05 秒。这主要是因为更大值的 CT_{tp-f} 通常意味着候选路径数量更多，在所提出算法步骤 9 中 P_l'' 变量也会更多，从而第二阶段也变得更加难以求解。此外，可以看出，通常情况下 CT_{tp-f} 大于 CT_{tp-s}，这表明所提出算法第一阶段相对第二阶段会消耗更多的时间。一个例外是算例组 23（最大规模算例组），其 CT_{tp-s} 大于 CT_{tp-f}。其中的主要原因可能是任务候选路径过多，致使第二阶段需要花费更多的时间。

表 2.3 和图 2.3 给出了给定网络节点密度，|N| 从 110 增加至 150，|K| 从 10 增加至 30 算例的对比实验结果。在表 2.3 中，可以看到 CT_{cs} 的值从 6.27 秒增加至 1 878.07 秒，其平均值为 788.46 秒，而 CT_{tp} 的值在 5.11 秒和 108.31

秒之间变化，其平均值为 21.01 秒。算例组 24 至算例组 32 中除了最小规模集合 24 之外，CT_{tp} 均小于 CT_{cs}。Fang 等（2013）中算法花费的平均时间比本章所提出算法多 36.5 倍。这进一步表明了本章所提出的算法比 Fang 等（2013）提出的算法更加有效。此外，可以从图 2.3 看出，CT_{cs} 的值随问题规模增大而呈现指数级增长，而 CT_{tp} 变化非常平缓。这表明本章所提出的算法相比现有算法求解 ATLRP 更加有效和稳定。

为了进一步评价所提出算法求解更大规模问题的性能，测试了 57 组新生成的大规模算例，测试实验结果如表 2.4~表 2.7 所示。

表 2.4　$|N|$=160、170、180、190、200 算例的对比实验结果

算例组	$|N|$	$|K|$	CT_0/秒	CT_{cs}/秒	CT_{tp-f}/秒	CT_{tp-s}/秒	CT_{tp}/秒
33	160	20	876.44	388.84	9.01	1.05	10.14
34	160	30	4 409.98	2 294.33	10.72	0.67	11.40
35	170	30	12 999.2	6 758.82	2.66	0.21	2.87
36	170	35	15 864.3	10 997.7	2.78	0.23	3.01
37	180	35		17 431.3	2.45	0.30	2.75
38	180	40			2.50	0.36	2.85
39	190	40			7.05	0.85	7.90
40	190	45			8.03	0.93	9.23
41	200	45			4.43	0.35	4.78
42	200	50			5.72	0.44	6.16
平均			>14 215.1	>12 778.1	5.54	0.54	6.11

表 2.5　$|N|$=300、400、500、600、700 算例的对比实验结果

算例组	$|N|$	$|K|$	ρ	CT_0/秒	CT_{cs}/秒	CT_{tp-f}/秒	CT_{tp-s}/秒	CT_{tp}/秒
43	300	30	5			23.18	1.70	24.89
44	300	40	5			25.46	2.37	27.82

续表

算例组	$|N|$	$|K|$	ρ	CT_0/秒	CT_{cs}/秒	CT_{tp-f}/秒	CT_{tp-s}/秒	CT_{tp}/秒
45	400	40	5			30.20	1.79	31.99
46	400	45	5			30.53	1.73	32.27
47	500	45	5			42.70	17.66	60.36
48	500	50	5			60.07	21.32	81.38
49	600	50	5			298.68	459.74	758.42
50	600	55	5			733.51	620.91	1 354.42
51	700	55	5			1 740.83	6 553.05	8 293.88
平均						331.68	853.36	1 185.05
52	700	60	5					
53	300	30	10			73.20	6.33	79.53
54	300	40	10			241.91	19.92	261.83
55	400	40	10			199.15	15.30	214.46
56	400	45	10			175.20	7.70	182.90
57	500	45	10			872.13	100.21	972.34
58	500	50	10			755.42	84.01	839.43
平均						386.17	38.91	425.08
59	600	50	10					

表 2.6 参数 T_k 敏感性分析实验结果

算例组	w	$|N|$	$|K|$	CT_{tp-f}/秒	CT_{tp-s}/秒	CT_{tp}/秒
60	0.2	200	20	1.57	0.41	1.98
61	0.2	300	20	2.60	2.00	4.59

续表

算例组	w	$|N|$	$|K|$	CT_{tp-f} /秒	CT_{tp-s} /秒	CT_{tp} /秒
62	0.2	400	20	3.61	0.51	4.12
63	0.2	500	20	3.16	0.53	3.69
64	0.2	600	20	4.66	0.61	5.27
平均				3.12	0.81	3.93
65	0.5	200	20	4.50	0.70	5.19
66	0.5	300	20	14.72	2.02	16.74
67	0.5	400	20	11.95	1.22	13.17
68	0.5	500	20	18.70	1.14	19.84
69	0.5	600	20	45.95	2.80	48.75
平均				19.16	1.58	20.74
70	0.8	200	20	23.55	6.42	29.97
71	0.8	300	20	58.38	9.06	67.43
72	0.8	400	20	81.40	7.03	88.44
73	0.8	500	20	326.63	45.59	372.23
74	0.8	600	20	601.74	25.52	627.26
平均				218.34	18.72	237.07

表 2.7 参数 C_{ij} 敏感性分析实验结果

算例组	r_{ij}	$|N|$	$|K|$	CT_{tp-f} /秒	CT_{tp-s} /秒	CT_{tp} /秒
75	[0.1, 0.2]	200	20	3.78	0.30	4.08
76	[0.1, 0.2]	300	20	8.21	0.61	8.82
77	[0.1, 0.2]	400	20	7.82	0.59	8.41
78	[0.1, 0.2]	500	20	13.15	1.46	14.61
79	[0.1, 0.2]	600	20	68.33	3.90	72.22

续表

算例组	r_{ij}	$|N|$	$|K|$	CT_{tp-f}/秒	CT_{tp-s}/秒	CT_{tp}/秒
平均				20.26	1.37	21.63
80	[0.2,0.3]	200	20	2.51	0.31	2.82
81	[0.2,0.3]	300	20	3.08	0.42	3.49
82	[0.2,0.3]	400	20	17.50	1.33	18.83
83	[0.2,0.3]	500	20	29.40	2.27	31.67
84	[0.2,0.3]	600	20	69.15	5.89	75.04
平均				24.33	2.04	26.37
85	[0.3,0.5]	200	20	4.16	0.37	4.53
86	[0.3,0.5]	300	20	5.08	0.45	5.53
87	[0.3,0.5]	400	20	15.82	0.97	16.79
88	[0.3,0.5]	500	20	16.68	1.28	17.96
89	[0.3,0.5]	600	20	84.43	4.91	89.34
平均				25.23	1.60	26.83

表 2.4 给出了给定网络节点密度，$|N|$ 从 160 增加到 200，$|K|$ 从 20 增加到 50 大规模算例的计算实验结果。可以从表 2.4 中观察到，本章所提出算法耗费的时间远远小于 CPLEX 和 Fang 等（2013）中算法的时间。随着问题规模的增大，CT_0 和 CT_{cs} 均呈现指数级增长，而 CT_{tp} 变化细微。值得注意的是，CPLEX 和 Fang 等（2013）中算法在 18 000 秒内分别只能求解十组算例中的四组和五组，而本章所提出算法可以精确地求解所有算例，且平均时间仅为 6.11 秒。

表 2.5 给出了 $|N|$ 从 300 增加到 700，$|K|$ 从 30 增加到 60，网络节点密度分别为 5 和 10 算例的数值实验结果。从表 2.5 可以看出，CPLEX 和 Fang 等（2013）提出的算法不能在 18 000 秒内求解得到任何算例的最优解，即现有方法完全失去求解这些大规模算例的能力，而本章所提出的算法能够分别精确求得网络节点密度为 5，最大规模为节点数量 700 和任务个数为

55 的算例以及网络节点密度为 10, 最大规模为节点数量为 500 和任务个数为 50 的算例的最优解。此外,由于问题的 NP-难特性,本章所提出算法的时间也随着规模的增加而增加。例如,算例组 43 的 CT_{tp} 为 24.89 秒,而算例组 51 的 CT_{tp} 为 8 293.88 秒。此外,不难发现 CT_{tp} 的增加主要是由 CT_{tp-s} 的增加而引起的。从表 2.5 还可以观察到,给定 $|N|$ 和 $|K|$,节点密度越大,所耗费的时间亦越多。例如,算例组 48 的 CT_{tp} 为 81.38 秒,而算例组 58 的 CT_{tp} 为 839.43 秒。可能的原因是节点密度越大,每个任务可行路径越多,这导致所提出算法的两个阶段均需耗费越多的计算时间。注意,由于在第一阶段求解过程中内存缺乏,故所提出算法不能求得算例组 52 和算例组 59 的最优解。

最后,本节对参数 T_k 和 C_{ij} 进行敏感性分析实验。表 2.6 和图 2.4 描述了运行时限 T_k 三种不同情况的对比实验结果。根据定义 $T_k = L_k + w(L_k' - L_k)$,分别设置 w 为 0.2、0.5 和 0.8,其分别代表小、中和大的运行时限要求。从表 2.6 中可以看到,本章所提出算法能够在 11 分钟(660 秒)内精确求解所有算例。对于上述三种情况,CT_{tp} 分别从 1.98 秒到 5.27 秒、5.19 秒到 48.75 秒和 29.97 秒到 627.26 秒变化,其平均值分别为 3.93 秒、20.74 秒和 237.07 秒。λ 的值越大,CT_{tp} 也越大。例如,对于算例组 64、算例组 69 和算例组 74,CT_{tp} 的值分别为 5.27 秒、48.75 秒和 627.26 秒,其可能的原因是 T_k 越小,任务候选路径越少,从而引起本章所提出算法的两个阶段所需时间都相对会越少。此外,针对每种情况,CT_{tp} 均随 $|N|$ 增加而增加,并且对于更大的 T_k,其增长趋势更加明显,如图 2.4 所示。

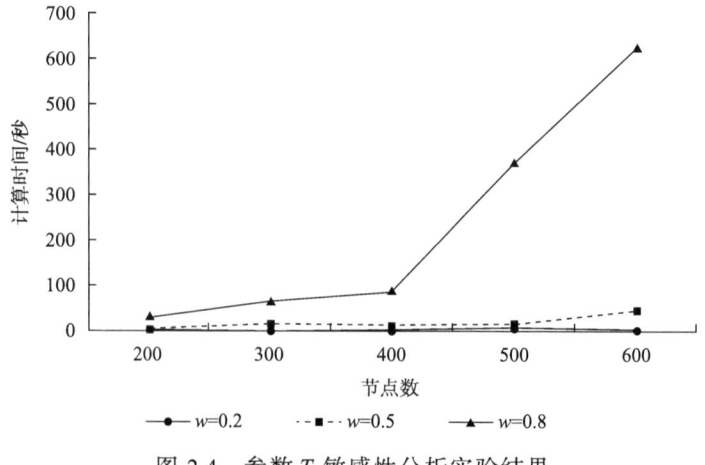

图 2.4 参数 T_k 敏感性分析实验结果

表 2.7 和图 2.5 给出了参数 C_{ij} 的敏感性分析实验结果。从表 2.7 可以看出，在三种情况下，CT_{tp} 的变化范围分别是 4.08 秒到 72.22 秒、2.82 秒到 75.04 秒和 4.53 秒到 89.35 秒。在图 2.5 中可以观察到，三种情景下 CT_{tp} 的变化趋势近乎相同。此外，三种情景下的 CT_{tp} 平均值分别为 21.63 秒、26.37 秒和 26.83 秒。以上结果均表明本章所提出算法的性能对影响参数 C_{ij} 的变化不敏感。

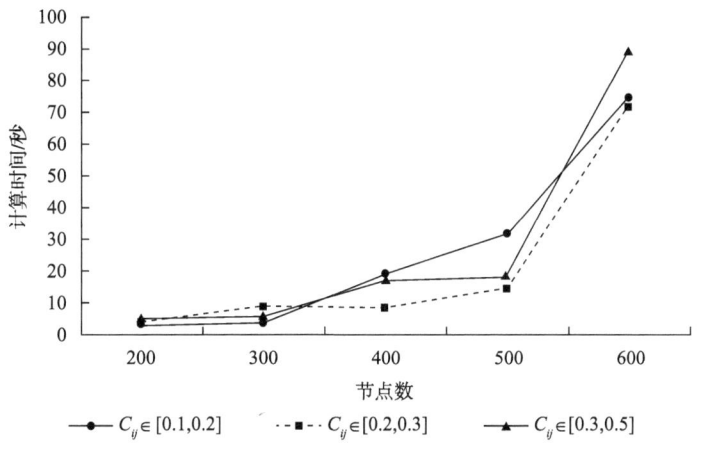

图 2.5　参数 C_{ij} 敏感性分析实验结果

综上，本章研究了自动卡车运输背景下的大规模 ATLRP。针对所研究的问题，提出了有效不等式来改进 Fang 等（2013）提出的 ILP 模型。模型对比实验结果表明：所提出的改进模型较之现有模型更加有效。此外，本章研究了所研究问题的几种特殊情况，并表明其属于经典的组合优化问题。在此基础上，为了有效地解决问题，特别是大规模优化问题，基于问题性质设计了一种新的两阶段精确算法。基准算例和大量大规模随机生成算例的计算结果表明：本章所提出的算法显著地优于现有最好算法，能够精确求解最大规模为 700 个节点和 55 个任务的大规模问题。此外，参数的敏感性分析实验表明：所提出算法的性能对影响参数变化不敏感，但运行时限参数值越大，所提出算法花费时间会越长。

第3章 基于改进QEA的大规模专用道设置优化模型与方法

3.1 引　　言

随着世界经济的快速发展，许多国家城市化进程日益加快。然而，由于车辆数量的快速增加，城市交通拥堵日益严重。许多大城市的交通拥堵较以往更加糟糕。合理的交通规划管理在促进经济可持续发展和改善人们日常出行环境方面发挥关键作用。在过去几十年中，车辆路径问题（Prins, 2004）、选址路径问题（Yu et al., 2012）和设施选址问题（Yang et al., 2012）受到很大的关注，人们正面临越来越多的新的特殊运输需求。为了在已经饱和并且交通状况日益严峻的城市交通网络中满足这些交通需求，提出更加高效的运输规划和管理技术和方法是十分必要的。专用道设置优化问题属于满足特殊交通运输下的交通管理问题，它来源于大型体育赛事、突发事件等特殊事件。

大型体育赛事要求组织者在特定期限内将相关人员和物品从运动员村运送到地理位置上分散的体育场馆。例如，2010年广州亚运会的组织者承诺在30分钟内将运动员运送到任何体育场馆（Wu et al., 2009），但是，由于主办城市拥挤的交通状况，满足运输需求并不容易。在现有交通网络中实施专用道设置策略可以灵活有效地解决这一问题。专用道设置策略旨在交通网络中某些路段上设置专用道以供这些特殊运输任务专用,以便在给定时间内完成。事实上，专用道设置策略已成功应用于一些大型体育赛事。例如，2000年悉尼奥运期间采用了专用道设置策略满足运动会期间的运输需求（Black，1991）。Zagorianakos（2004）分析2004年雅典奥运会专用道设置策略的重要性和优势。2008年北京奥运会期间，奥运专用道用于将运动员快速、安全、可靠地运送到各体育场馆。此外，专用道设置策略也被用于大规模紧急事件下的人员紧急疏散（Cova and Johnson，2003）。然而，在路段上设置专用道后，其他通用车辆不允许通过，会对其正常通行产生负面的影响，这可能会进一步恶化主办城市已经拥堵的交通状况。因此，如何合理地设置专用道，尽量减少其造成的负面影响至关重要。该类交通规划问题被称为专用道设置优化问题，其旨在如何在现有交通网络中设置一些专用道以供特殊任务车辆专用，使得每一个运输任务能在给定的旅行时间内完成，同时最小化专用道设置的总负面影响。

在现有研究中，仅有少量文献对专用道设置优化问题进行了研究。Wu等（2009）建立了一个整数线性模型（integer linear program，ILP），并设计了启发式算法对小规模问题进行了求解，但所设计的算法仅能解决交通网络规模最多为22个节点和22个任务的问题。Fang等（2012）研究了一个带容量限制的专用道设置优化问题。该问题的特点是交通网络中的每个路段具有有限的剩余容量，如路段上的剩余容量不足以用于满足特殊运输需求，则设置专用道。Fang等（2013）研究了自动卡车运输背景下的专用道设置优化问题，其旨在为自动卡车货物运输设计了专用路径。Fang等（2014）研究了带变动路段行驶时间的专用道设置优化问题，其考虑将整个时间段划分为几个时间间隔，不同间隔的路段行程时间不同。研究者设计了精确算法对以上问题进行了求解。另外，Zhou等（2013）研究了基于专用道设置策略的多目标危险品运输问题，提出了基于ε-约束和模糊逻辑的方法。精确算法[如分割求解算法（Fang et al.，2012，2014）]可以获得问题的最优解，但是研究发现，算法的求解时间随着问题的大小呈指数级别增长，文献中仅报道了交通网络规模中最大为120个节点和30个任务的算例。然而，所提出的算法通常无法在合理的时间内求解具有现实网络规模的大规模专用道设置优化问题。因此，开发有效的启发式或元启发式算法以在合理时间获得问题的最优解或近似最优解十分必要，这也是本书研究的关注点。

为求解各类大规模交通运输规划问题，文献中已出现了各种启发式或元启发式算法，如拉格朗日松弛算法（Yu et al.，2007；Yu et al.，2008；Yan et al.，2011）、遗传算法（Hu and Paolo，2008；Jiao and Wang，2000）、禁忌搜索（James et al.，2009；Schaerf，1999），以及散射搜索算法（Chu et al.，2006）。

QEA（Han and Kim，2002）是一种基于量子计算概念和原理的算法。据文献报道，在求解背包问题中 QEA 性能胜过遗传算法（Han and Kim，2002，2004）。由于其优异的性能，它被用于求解许多 NP-难问题，如机器调度问题（Gu et al.，2010）、旅行商问题（Wang et al.，2007），以及车辆路由问题（Zhang et al.，2008），故本章引入 QEA 用于求解所研究的专用道设置优化问题。

Wu 等（2013）提出了一个基本的 QEA 求解专用道设置优化问题，其主要特征如下：①交通网络中的每条弧对应于染色体中的每个基因，用于表示专用道设置优化问题的解；②采用相同概率幅度值以产生初始量子群；③设计相对简单的不可行解修复策略；④报道有限数量的算例（共 75 个），交通网络规模中最大为 150 个节点和 30 个任务的计算结果。此外，Wu 等（2013）的研究中未详细描述交叉、变异、灾难及修复策略。本章在以下几个方面对 Wu 等（2013）的研究进行了改进：①为专用道设置优化问题开发了一个改进的数学模型，并提出了一种更合理的专用道设置负面交通影响评估的新方法。②对模型进行了性质分析，并得出了一些可用于减少最优解搜索空间的性质。③基于问题性质，开发了改进的 QEA（即 IQEA）。在 IQEA 中，根据问题性质，只需要考察交通网络中部分弧表示问题的解决方案。④提出了一种基于专用道设置数量下界的新方法来初始化量子种群。⑤详细描述交叉、变异、灾难及修复策略。⑥为了修复不可行解，提出了两种修复策略：一是基于专用道设置数量上下界直接修复不可行解；二是基于贪心思想的修复策略，且仅在策略一失败之后才启用。上述修复组合可以快速有效修复不可行解。⑦485 个算例的计算结果表明，本章所提出算法能够在相对较短的时间内求得最大网络规模为 500 个节点和 50 个任务大规模问题的高质量的解。由此可见，IQEA 显著改善了 Wu 等（2013）研究中的 QEA。

本章的剩余部分安排如下：3.2 节描述了问题，并建立了问题的改进 ILP 模型。3.3 节进行了问题性质分析。3.4 节提出了一个改进 QEA。3.5 节报告提出 QEA 的对比实验结果，并对本章进行了总结，讨论未来研究的方向。

3.2　问题建模

令有向图 $G=(N, A)$ 表示一个连通的交通网络，其中 N 是节点集合，

A 是连接节点的有向弧集合。弧和节点分别视为交通网络中的路段与交叉口。有多个特殊运输任务需要从起始点 $O \subseteq N$ 到其对应的目的地 $D \subseteq N$，每个任务对应于一个起始和目的站点对。

针对所研究专用道设置优化问题，需将交通网络中一些车道转换为专用道以供特殊运输任务使用，且为每个任务设计一个时间保证的路径，保证在给定的行驶总时间内完成每个运输任务。设置专用道后，任务车辆可以以相对较高的速度在专用道上行驶，从而减少运输总时间，但普通车辆在对应路段减少了可使用的车道数目，从而使得非专用道更加拥挤。因此，专用道设置对正常交通造成负面的影响，如交通延误。本章研究的优化目标是最小化专用道设置总负面影响。

为了更好地建立问题的数学模型，设置假设如下：①每个路段上至少有两条车道，相同路段上的车道数是相同的；②在每个路段上至多设置一条专用道，每条专用道可以被所有特殊任务车辆共享；③每个任务的路径可以由专用道和非专用道组成；④如果某路段设置专用道，则对应路段上的行驶时间可以减少。在建立问题数学模型前需要定义相关符号和决策变量，如下所示。

（1）集合与参数：

N：节点集合；

A：弧的集合；

K：任务的集合，$k \in K$；

O：任务的起点集合，$O \subseteq N$；

D：任务的终点集合，$D \subseteq N$；

B_i：节点 i 后向弧的集合；

F_i：节点 i 前向弧的集合；

T_k：任务 $k \in K$ 给定的运输时间；

T_a：路段上未设置专用道时的时间；

T_a'：路段上设置专用道后的时间；

M_a：路段上弧的个数；

C_a：专用道设置后产生的负面影响。

（2）决策变量：

z_a：$z_a = 1$，若在弧 a 设置专用道；否则 $z_a = 0$；

x_{ak}：$x_{ak} = 1$，若在弧 a 设置专用道且任务 $k \in K$ 经过该弧；否则 $x_{ak} = 0$；

y_{ak}：$y_{ak}=1$，若在弧 a 未设置专用道且任务 $k\in K$ 经过该弧；否则 $y_{ak}=0$。

专用道设置优化问题的数学模型可建立如下：

$$P_0: \min \sum_{a \in A} C_a z_a \tag{3.1}$$

$$\text{s.t.} \sum_{a \in B_i}(x_{ak}+y_{ak})=1, i=o_k, \forall k \in K \tag{3.2}$$

$$\sum_{a \in F_i}(x_{ak}+y_{ak})=1, i=d_k, \forall k \in K \tag{3.3}$$

$$\sum_{a \in F_i}(x_{ak}+y_{ak})=0, i=o_k, \forall k \in K \tag{3.4}$$

$$\sum_{a \in B_i}(x_{ak}+y_{ak})=0, i=d_k, \forall k \in K \tag{3.5}$$

$$\sum_{a \in F_i}(x_{ak}+y_{ak})=\sum_{a \in B_i}(x_{ak}+y_{ak}) \ \forall i \in N/\{o_k,d_k\}, \forall k \in K \tag{3.6}$$

$$\sum_{a \in F_i}(x_{ak}+y_{ak}) \leqslant 1, \forall i \in N/\{o_k\}, \forall k \in K \tag{3.7}$$

$$\sum_{a \in B_i}(x_{ak}+y_{ak}) \leqslant 1, \forall i \in N/\{d_k\}, \forall k \in K \tag{3.8}$$

$$\sum_{a \in A}(T_a y_{ak}+T_a' x_{ak}) \leqslant T_k, \forall k \in K \tag{3.9}$$

$$x_{ak} \leqslant z_a, \forall a \in A, \forall k \in K \tag{3.10}$$

$$y_{ak} \leqslant 1-z_a, \forall a \in A, \forall k \in K \tag{3.11}$$

$$x_{ak}, y_{ak}, z_a \in \{0,1\}, \forall a \in A, \forall k \in K \tag{3.12}$$

其中，目标函数（3.1）是最小化专用道设置总负面影响。约束（3.2）~约束（3.8）保证从起始点 o_k 至目的地点 d_k，$k\in K$ 存在一条可行路径。更具体地说，约束（3.2）和约束（3.3）分别保证在任意一个任务 k 的运输路径上仅有一条弧从起始点 o_k 出来，一条弧进入 d_k。约束（3.4）和约束（3.5）分别保证在任务 k 的运输路径上没有进入 o_k 的弧，没有从 d_k 输出的弧。约束（3.6）保证运输流平衡。约束（3.7）和约束（3.8）表明交通网络中的每个节点被任务 k（$k\in K$）最多访问一次。约束（3.9）确保任务 k 的总旅行时间不超过其给定的行程总持续时间 T_k。约束（3.10）表示如果没有在弧 a 上设置专用道，则任务 k 的运输路径不能通过弧 a 上的专用道。约束（3.11）保证仅当弧 a 上未设置专用道时，任务 k 的运行路径才能通过弧 a 上的非专用道。约束（3.12）为二进制决策变量约束。

以下定理给出了专用道设置优化问题的复杂性。

定理 3.1：专用道设置优化问题属于 NP-难问题。

证明：如果每个任务的给定旅行时间足够大，从而使得约束（3.9）可以被松弛且从模型中移除，则所得到的特殊问题对应有向图中的斯坦纳树问题。后者已被证明为 NP-难题（Chen et al., 2010），因此，专用道设置优化问题也是 NP-难问题。

本章从以下几个方面改进了 Wu 等（2009）、Fang 等（2012）所提出的数学模型。首先，将有效不等式（3.4）和式（3.5）添加至所提出的模型中，旨在防止其产生回路。其次，将式（3.7）和式（3.8）添加到模型中，使得模型更加紧凑。最后，采用单元组 a 表示弧，而不是使用二元组 (i, j)，i 和 j 分别是弧的头尾节点，这种表示简化了模型表述。通过计算结果表明，与现有模型相比，改进的模型可以平均节省 35% 和 79% 的计算时间。

此外，本章提出一种更合理专用道设置负面影响评估方法。如前所述，专用道设置优化问题的目标是最小化专用道设置总负面影响。因此，对专用道设置的负面交通影响的合理评估对于专用道设置决策至关重要。截至目前，文献中尚未就评估专用道设置负面影响达成共识。Wu 等（2009）提供了首个专用道设置负面影响评估方式，Fang 等（2012）、Zhou 等（2013）、Wu 等（2013）先后采用了该方式，如下所示：

$$C_a = T_a / (M_a - 1) \tag{3.13}$$

其中，C_a、T_a 和 M_a 分别表示在弧 a 上设置专用道产生的负面影响、未设置专用道时弧 a 上的运行时间，以及弧 a 上的车道数量。式（3.13）表明在弧 a 上设置专用道之前的路段运行时间越长，负面影响越大；车道越多，影响越小。以下我们通过例子（图 3.1）说明式（3.13）评估的局限性。

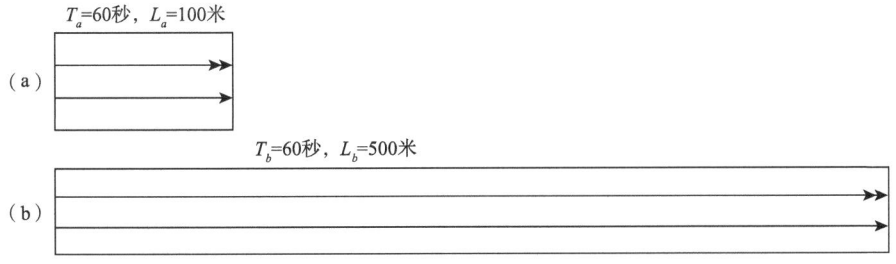

图 3.1 交通网络中的两个路段

图 3.1 描述了交通网络中的两个弧 a 和 b，其长度分别为 100 米和 500 米。每个弧上有两条车道，设置专用道前弧 a 和 b 的行驶时间均为 60 秒。假设在两个弧上均设置一条专用道。根据式（3.13）可知，两条专用道的负面

影响是完全相同的。这其实与现实情况不相符。我们知道，在专用道设置前，弧 a 和 b 上的平均行驶速度分别为 6 千米/小时和 30 千米/小时。在设置专用道前，车辆在弧 a 上行驶的速度比在弧 b 上慢很多。广义指数速度-集中关系模型（Choi D and Choi W，1995）表述如下：

$$V = \alpha e^{-\mu q \beta} \tag{3.14}$$

其中，V 表示路段平均行驶速度（千米/小时）；q 表示密度（车辆/千米）；μ、α 和 β 表示用户指定的参数。根据式（3.14）我们发现，速度越小，路段车辆密度越高，这表明相应的路段更加拥挤。因此，在设置专用道之前，弧 a 比弧 b 更拥挤，在前者上设置专用道的影响比弧 b 更大。式（3.13）评估的影响值与上述分析相矛盾。因此，式（3.13）评估的专用道设置负面影响在某些交通情况下是不合理的。

在路段上设置专用道减少了一般通用车辆可用车道数，从而造成负面的交通影响。交通影响与交通流量、路段类型、车道容量等路段状况有关。事实上，专用道设置前的路段平均行车速度是上述因素的综合体现。因此，本章采用专用道设置前道路段上的车辆的平均行驶速度估计专用道设置负面影响，其表示如下：

$$C_a = R_a / V_a \tag{3.15}$$

其中，V_a 表示在专用道设置之前的弧上的平均行驶速度；R_a 表示影响系数。由式（3.15）可知，专用道设置影响与 V_a 成反比，速度越大，影响越小。依据式（3.15）可知，在弧 a 上设置专用道的交通影响比弧 b 更大。可以注意到，在本章中，每个路段上专用道设置产生的负面影响是单独估算的，这与 Wu 等（2009）、Fang 等（2012）、Zhou 等（2013）的研究一样。由于专用道评估的复杂性，该方式可能无法准确反映专用道设置的实际交通影响。本章尝试给出一个比式（3.13）更为合理的评估新方法。

3.3 问题性质分析

本节首先提出一个新的预处理技术以减少最优解搜索空间。然后，通过求解两个线性规划模型来减少专用道设置数目，从而获得专用道设置数目的上下界。

3.3.1 预处理技术

令 $l(i,j)$ 表示当交通网络中所有路段上均设置一条专用道时从节点 i 到节点 j 的最短行驶时间,其中 $i,j \in N$。它可以通过具有复杂度 $O(|N|^3)$ 的 Floyd-Warshall 算法求解获得。定义集合 A_k 如下:

$$A_k = \{a \mid l(o_k, \text{head}(a)) + T'_a + l(\text{tail}(a), d_k) > T_k, a \in A\}, \forall k \in K \quad (3.16)$$

其中,head(a) 和 tail(a) 分别表示弧 a 的头尾节点。根据式(3.16)不难看出,由于违反了给定的总旅行时间约束,任务 k 不会经过集合 A_k 中的任何弧,故相应的决策变量可以预先设置为零。于是,以下等式成立:

$$x_{ak} + y_{ak} = 0, a \in A_k, k \in K \quad (3.17)$$

此外,根据式(3.16),可得

$$\Omega = \{a \mid a \in A_1, A_2, \cdots, A_{|K|}\} \quad (3.18)$$

根据式(3.18),任何任务均不会经过集合 Ω 中任何设置专用道的弧,即 $x_{ak} = 0, \forall k \in K$。因此,在弧 a 上将不会设置专用道。于是,以下等式成立:

$$z_a = 0, a \in \Omega \quad (3.19)$$

根据式(3.19),集合 Ω 中的弧不应该设置专用道。由此,专用道设置优化问题最优解搜索空间大大减少了。

3.3.2 专用道设置数目下界

本章通过求解一个 ILP 模型的线性松弛问题(即所有整数变量松弛为实数变量)LP_1 来获得专用道设置的下界。该模型建立如下:

$$LP_1: \min \sum_{a \in A} z_a$$

s.t. 约束(3.2)~约束(3.11)

$$0 \leqslant x_{ak} \leqslant 1, \forall a \in A, \forall k \in K \quad (3.20)$$

$$0 \leqslant y_{ak} \leqslant 1, \forall a \in A, \forall k \in K \quad (3.21)$$

$$0 \leqslant z_a \leqslant 1, \forall a \in A \quad (3.22)$$

LP_1 的最优目标函数值提供了一个专用道设置数目的下界,表示为 L^*。根据定义可知 $L^* = \lceil l^* \rceil$,其中,l^* 表示问题 LP_1 的最优目标函数值;$\lceil x \rceil$ 表示大于或等于 x 的最小整数。

3.3.3 专用道设置数目上界

如前所述,当交通网络中的每个路段上都设置专用道时,$l(o_k, d_k)$ 表示从起始点 o_k 到目的地点 d_k 的最短旅行时间。由此可得以下定理。

定理 3.2:模型 P_0 的最优解必须满足以下关系:

$$\sum_{a \in A}(T_a y_{ak} + T'_a x_{ak}) \geqslant l(o_k, d_k) \quad (3.23)$$

通过求解以下线性松弛问题 LP_2 得到专用道设置数目的上界。

$$LP_2 : \max \sum_{a \in A} z_a$$

s.t. 约束(3.2)~约束(3.11),约束(3.17),约束(3.19)~约束(3.23)

$$z_a \leqslant \sum_{k \in K}(x_{ak} + y_{ak}), \forall a \in A \quad (3.24)$$

约束(3.24)表示至少有一个任务的路径经过弧 a,则需要考虑在弧 a 上设置专用道。由上可知,LP_2 是一个线性松弛问题,其最优值提供了其对应的整数模型的一个上界。令 U^* 表示专用道设置数目的上界,则 $U^* = [u^*]$,其中,u^* 是问题 LP_2 最优目标函数值;$[x]$ 是小于或等于 x 的最大整数。

3.4 求解方法

本节提出了改进 QEA 以获得大规模专用道设置优化问题的最优或近似最优解和新的加强技术以提高所提出算法的性能。第一,提出了预处理技术以减少最优解搜索空间。第二,基于专用道设置数目的上下界,提出了一种新的量子种群初始化方法。第三,开发了直接和贪心思想等两种不可行解修复方法,用于修复算法迭代过程中产生的不可行解。

3.4.1 染色体编码和解码

在 QEA 中,编码方式采用量子位表示,而非采用二进制、数字和符号

等方式。存储在双状态量子计算机中的最小信息单元称为量子位,其状态表示为$|\varphi\rangle = \alpha|0\rangle + \beta|1\rangle$,其中,$\alpha$ 和 β 分别表示其相应状态概率幅度的复数且满足 $|\alpha|^2 + |\beta|^2 = 1$(Cancela,2015)。$|\alpha|^2$ 和 $|\beta|^2$ 分别给出了量子位处在"0"和"1"状态的概率,量子位可以在 0 和 1 之间,或者在这两种状态的任何线性叠加中。

量子染色体可以由一串 n 个量子位定义如下:

$$\begin{bmatrix} \alpha_1 & \alpha_2 & \cdots & \alpha_i & \cdots & \alpha_{n-1} & \alpha_n \\ \beta_1 & \beta_2 & \cdots & \beta_i & \cdots & \beta_{n-1} & \beta_n \end{bmatrix}$$

其中,$0 \leq \alpha_i \leq 1$,$0 \leq \beta_i \leq 1$,$|\alpha_i|^2 + |\beta_i|^2 = 1$,$i = 1, 2, \cdots, n$。以这种方式,具有 n 个量子位的个体可以同时表示 2^n 个状态。量子位表示比任何其他经典表示具有更好的种群多样性,因为它可以表示解决方案的线性叠加。一旦量子染色体中量子位被观测,则它的值取 1 或 0。因此,一旦量子位被观测,则量子染色体塌陷到单一状态(即二进制串)。更多信息,读者可以参考 Han 和 Kim(2002)的研究。

接下来,将阐述如何将具有 n 个量子位的量子染色体转换为二进制字符串。对于量子位 i,如果 $|\alpha_i|^2 >$ random [0, 1],其状态值取 0,且其对应的二进制串的基因取值为 0;否则,其状态为 1,且对应的二进制字符串的基因值为 1。给定一个二进制字符串,则可以表示交通网络中对应的弧是否设置专用道。进一步来说,交通网络中的弧对应于二进制串的基因。如果一个基因的值取 1,则在相应的弧上设置专用道;否则,则没有。

Wu 等(2013)直接采用了这样一个染色体表示方法。显然,染色体中的基因数目等于交通网络中的总弧数(即 $|A|$)。对于拥有大量弧的大规模问题,染色体的长度可能会过长。然而,通过本章提出的预处理技术,可知道集合 Ω 中的弧上不会设置专用道。因此,仅需要考虑那些不属于集合 Ω 的弧,且染色体中的基因数目等于网络中不属于集合 Ω 的弧数,即 $|A| - |\Omega|$。通过本章提出的预处理技术,可以减少染色体的长度,如例 3.1 所示。

例 3.1:考虑在一个具有 7 个节点和 12 个弧的网络,且只有一个运输任务的专用道设置优化问题,如图 3.2 所示。每条弧的特征可用四元组(Arc #,T,T',C)表示,其中 Arc # 表示弧的编号;T 表示弧上未设置专用道的旅行时间;T' 表示弧上设置专用道后旅行时间;C 表示专用道设置的交通影响。例如,(1,5,3,2)表示在弧 1 上设置专用道前后的旅行时间分别为 5 和 3，且在该弧上设置专用道的负面影响为 2。节点 0 和节点 6 是需要完成的运输任务的起始点和目的地点，其给定的旅行时间限制为 19。

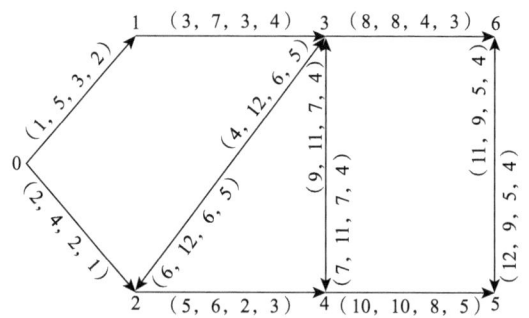

图 3.2　一个简单专用道设置优化问题的交通网络

采用 Wu 等（2013）的编码方式，由于交通网络中具有 12 条弧，故染色体长度为 12。依据本章提出的预处理可得 $\Omega = \{6, 7, 12\}$。由此染色体长度可从 12 减少至 9，这样便极大地缩小了所提出算法的搜索空间，加速其求解效率。图 3.3 给出了染色体个体的编解码过程。在图 3.3 中，假设二进制字符串[0，1，0，1，1，0，1，1]是从一个量子染色体观察得到的。解码后得到的专用道设置方案为[2，4，5，10，11]，其中数字代表专用道设置路段的编号。

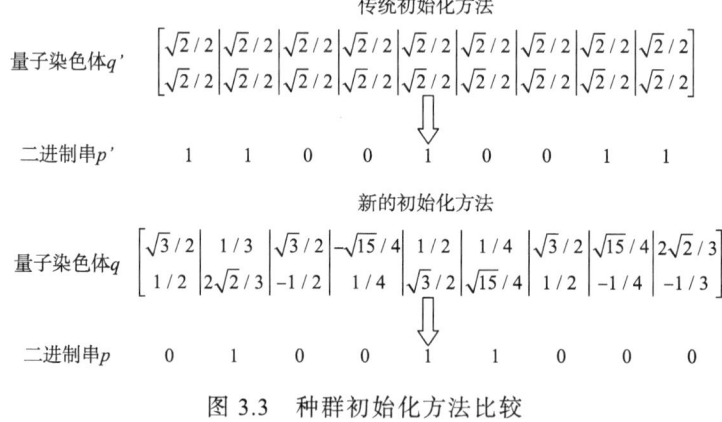

图 3.3　种群初始化方法比较

给定一个专用道设置方案，任务 k 的行驶路径可以通过计算从起始点 o_k 到目的地点 d_k 的最短路径时间来获得。如果任何任务的最短行进时间小于或等于其给定旅行时间，那么该解决方案是可行的。否则，该方案不可行。

3.4.2 量子种群初始化

令 $L(p)$ 表示在观察到的二进制串 p 中取值为 1 的个数,则以下定理显然成立。

定理 3.3:如果 $L(p)<L^*$,观察到的二进制串 p 一定为不可行,并且如果 $L(p)>U^*$,则 p 一定不是最优解。

通常情况下,概率幅度(α, β)以相同概率初始化为 $1/\sqrt{2}$(Han and Kim,2002,2004;Gu et al.,2010)。Wu 等(2013)采用了该种方式初始化量子种群。在本章中,提出了一种基于 L^* 和 U^* 初始化 $Q(t)$($t=0$)的新的量子种群初始化方法。一个量子种群可以表示为 $Q(t)=\{q_1,q_2,\cdots,q_i,\cdots,q_{Ps}\}$,其中,$Ps$ 是群体中个体的个数;q_i^t 是第 t 代的第 i 个 Q 个体,$i=1,2,\cdots,Ps$,可以表示为

$$q_i^t = \begin{bmatrix} \alpha_{i1}^t & \alpha_{i2}^t & \cdots & \alpha_{ij}^t & \cdots & \alpha_{in}^t \\ \beta_{i1}^t & \beta_{i2}^t & \cdots & \beta_{ij}^t & \cdots & \beta_{in}^t \end{bmatrix}$$

对于每个量子染色体 q_i^0,从区间 $[L^*, U^*]$ 中随机生成一个整数 m,然后生成满足 $|\alpha_{ij}^0|^2 < |\beta_{ij}^0|^2$ 的 m 个量子位,剩余的 $n-m$ 满足 $|\alpha_{ij}^0|^2 > |\beta_{ij}^0|^2$ 的量子位。因此,当观察得到量子个体的量子比特值时,二进制串中值为 1 的个数能以较大的概率落入区间 $[L^*, U^*]$。图 3.3 比较了传统初始化方法和本章所提出的方法。

假设 $L^*=1$ 和 $U^*=3$,$m=3$。假设图 3.3 中的个体 q' 和 q 分别由传统方法和本章所提出方法获得。当观测 q' 时,其观察得到的二进制串中值为 1 的基因数目将以很大概率取 4 或 5,但当观测 q 时,其观察到的二进制串中值为 1 的基因数目将以很大的概率落入 $\{1, 2, 3\}$。假设 $p'=[1, 1, 0, 0, 1, 0, 0, 1, 1]$ 和 $p=[0, 1, 0, 0, 1, 1, 0, 0, 0]$ 分别由观测 q' 和 q 得到。由上可知,$L(p')=5$ 和 $L(p)=3$。根据定理 3.3,p' 肯定不是最优解,而 p 可能是。

3.4.3 量子旋转门

在本章中,与 Han 和 Kim(2002,2004)、Gu 等(2010)、Wu 等

（2013）的研究一样，量子位状态变换由量子旋转门实现。量子旋转门作为重要和广泛使用的更新方法应用于更新 IQEA 中的量子个体，从而保持种群个体的多样性。令 $G(\theta)$ 表示量子旋转门，第 i 个量子位（α_i, β_i）更新如下：

$$\begin{bmatrix} \alpha'_i \\ \beta'_i \end{bmatrix} = G(\theta_i) \begin{bmatrix} \alpha_i \\ \beta_i \end{bmatrix} = \begin{bmatrix} \cos(\theta_i) & -\sin(\theta_i) \\ \sin(\theta_i) & \cos(\theta_i) \end{bmatrix} \begin{bmatrix} \alpha_i \\ \beta_i \end{bmatrix}$$

其中，θ_i 表示旋转角度，$\theta_i = s(\alpha_i, \beta_i)\theta_i$；$s(\alpha_i, \beta_i)$ 用于确定旋转方向的符号；θ_i 表示幅度，旋转方向符号查找表如表 3.1 所示（Chu et al., 2012）。

表 3.1 旋转方向符号查找表

p_i	b_i	$f(p) \geqslant f(b)$	$\Delta\theta_i$	$s(\alpha_i, \beta_i)$			
				$\alpha_i\beta_i > 0$	$\alpha_i\beta_i < 0$	$\alpha_i = 0$	$\beta_i = 0$
0	0	错误	0	0	0	0	0
0	0	正确	0	0	0	0	0
0	1	错误	0	0	0	0	0
0	1	正确	0.05π	−1	+1	±1	0
1	0	错误	0.01π	−1	+1	±1	0
1	0	正确	0.025π	+1	−1	0	±1
1	1	错误	0.005π	+1	−1	0	±1
1	1	正确	0.025π	+1	−1	0	±1

在表 3.1 中，b_i 和 p_i 分别是当代最佳和最新个体的第 i 个二进制位。$f(\bullet)$ 计算个体的适应度值。通过查找表，当前的个体可以收敛到更好的个体。例如，如果 $p_i = 0$，$b_i = 1$ 和 $f(p) > f(b)$，则当前解 p_i 应该具有更大可能性取 0 值。因此，如果（α_i, β_i）在第一象限或第三象限（即 $\alpha_i\beta_i > 0$），θ_i 应顺时针旋转，否则，应逆时针旋转。

3.4.4 遗传算子

（1）交叉：为了提高搜索效率，提出针对量子染色体及其对应的二进制串的混合两点交叉策略。图 3.4 举例说明这一策略。根据交叉概率 P_c 从群体中选择两个父代个体及其对应的二进制串。为了简便起见，令 $Q_1 \sim Q_{16}$ 表示量子位。然后，随机生成两个位置（如位置 i 和 j）。在位置 i 和 j 之后的父代量子染色体及其二进制串的基因保留并交换位置 i 和 j 之间的二进制串。本章所提出的混合交叉算子能够同时提高量子染色体及其二进制串的多样性。

	交叉位置i			交叉位置j				
父代1	Q_1	Q_2	Q_3	Q_4	Q_5	Q_6	Q_7	Q_8
	0	1	0	1	0	1	0	1
父代2	Q_9	Q_{10}	Q_{11}	Q_{12}	Q_{13}	Q_{14}	Q_{15}	Q_{16}
	1	0	1	1	0	0	1	1

⇩

子代1	Q_1	Q_2	Q_{11}	Q_{12}	Q_{13}	Q_6	Q_7	Q_8
	0	1	1	1	0	1	0	1
子代2	Q_9	Q_{10}	Q_3	Q_4	Q_5	Q_{14}	Q_{15}	Q_{16}
	1	0	0	1	0	0	1	1

图 3.4　混合交叉策略

（2）变异：变异算子可以有效提高算法的局部搜索能力，防止算法过早收敛（Han and Kim, 2004）。因此，IQEA 采用量子变异策略。其过程可以描述如下：首先，根据概率 P_{m1} 选择父代量子个体进行突变；其次，对于每个父代个体，根据概率 P_{m2} 确定其量子位是否突变。对于确定要突变的量子位，需要对它的概率幅度进行交换。图 3.5 说明量子位 i 的变异过程。

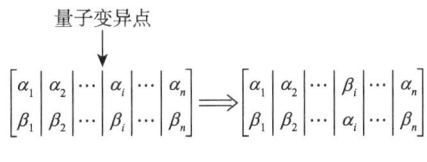

图 3.5　量子变异

（3）灾变：如果最优方案在规定的连续 S_g 迭代中没有改进，则进化搜索被认为陷入局部最优。为了避免过早收敛，本章通过灾变策略，保留当前最优个体，重新初始化群体。

（4）选择：采用滚动轮选择策略，以确保携带良好基因的个体均有机会进入下一次迭代。此外，还采用了精英保留策略防止最好个体在进化过程中丢失。

3.4.5 恢复和修复策略

（1）恢复策略：如前所述，在量子进化过程中，一个量子染色体解码为一个专用道设置方案，即交通网络中哪些车道设置为专用道。通过计算每个任务的最短路径，可以获得相关决策变量的值。不难发现，某些专用道可能不被任何运输任务经过。也就是说，由量子染色体解码后得到的方案中某些专用道可能无助于提升任务运输效率，但这些专用道会增加不必要的负面影响，从而恶化染色体的适应度值。因此，针对生成的染色体，本章通过提出一种恢复策略将这些未有任务经过的专用道转换为非专用道。

给定一个观测得到的二进制串，首先，通过求解最短路径找出在方案下所有运输任务所经过的弧（路段）。其次，确定所有未经过的专用道，并解中的相应基因值由 1 转换为 0，从而将其恢复为非专用道。由于这些专用道未被任何任务使用，故该恢复策略不会破坏解的可行性。以下通过一个例子进行说明（图 3.6）。

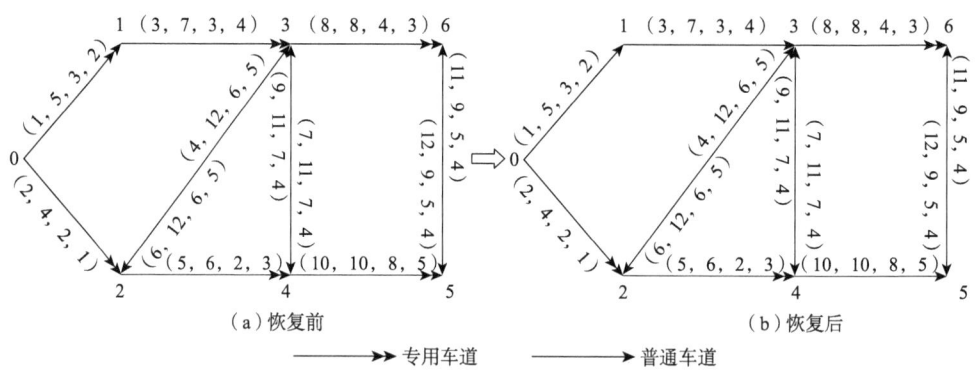

图 3.6　恢复策略举例

假设 $p = [1, 1, 1, 0, 1, 1, 0, 1, 0]$ 为例 1 问题的一个二进制解，其基因分别对应于弧 1~5 和弧 8~11。解码后可知，需在弧 1~3、5 和 8 上设置专用道，如图 3.6（a）所示。从图中可以看出，从节点 0 到 6 的最短路径为 $0 \rightarrow 2 \rightarrow 4 \rightarrow 3 \rightarrow 6$，由弧 2、5、9 和 8 组成，任务的总旅行时间为 19。可知该方案为可行方案，同时在弧 1、3 和 10 上的专用道未被任何任务使用。恢复策略的核心思想是将这些专用道转换为非专用道。执行该操作后，$p^* = [0, 1, 0, 0, 1, 1, 0, 0, 0]$，如图 3.6（b）所示，$p^*$ 仍为可行方案。

（2）修复策略：如前所述，对于在量子进化搜索过程中所产生的专用道设置方案，如果在给定的专用道设置后的交通网络中任意一个任务的最短运输时间超过其给定旅行时间，则获得的解决方案由于违反约束（3.9）而不可行。不可行解的产生可能会影响算法的求解效率。为提升算法效率，本章提出了两种修复策略，分别称为直接修复和贪婪修复，根据概率 P_r 修复算法迭代过程中产生的不可行解。

a. 直接修复：根据定理 3.3，对满足 $L(p)<L^*$ 或 $L(p)>U^*$ 的二进制解 p 进行直接修复，如图 3.7 所示。

步骤 1：针对不可行解 $p=[x_1,x_2,\cdots,x_n]$，计算 $L(p)$。
步骤 2：如果 $L(p)<L^*$，则：
  a. 生成 IL=rand（$L^*-L(p)$，$U^*-L(p)$）；
  b. 随机选择 IL 个值为 0 基因转化为 1。
如果 $L(p)>U^*$，则：
  a. 生成 RL=rand（$L(p)-U^*$，$L(p)-L^*$）；
  b. 随机选择 RL 个值为 1 基因转化为 0。

图 3.7　不可行解直接修复

b. 贪婪修复：直接修复可以修复部分不可行解。此外，本章提出贪婪修复来修复剩下的不可行解。由于违反约束（3.9）而产生不可行解。也就是说，在给定的旅行时间 T_k 内至少有一个任务不能完成，即从起始点 o_k 到目的地点 d_k 的最短路径时间超过了 T_k。上述任务称之为未满足任务。所提出贪婪修复核心思想描述如下：首先确定所有未满足任务；其次通过将其最短路径上的一些非专用道转换为专用道，逐一修复每个任务。本章提出了一个贪婪算法选择非专用道并将其转换成专用道。

假设弧 a 是未满足任务的最短路径上的没有设置专用道的弧。令 $Rt_a = T_a - T_a'$ 和 $Rcp_a = Rt_a / C_a$ 分别为专用道设置后弧 a 上减少的旅行时间，单位影响下减少的旅行时间。然后，选择具有最大 Rcp 的非专用道，并将其转换为专用道。令 $\tau(o_k, d_k)$，$k \in K$ 表示从起点 o_k 到目的地点 d_k 的最短旅行时间。贪婪修复策略如图 3.8 所示。

步骤 1：针对不可行解 $p=[x_1,x_2,\cdots,x_n]$，计算 $L(p)$。
步骤 2：根据解 p 获得一个专用道设置网络。
步骤 3：初始化 $k=1$。

当（$k \leqslant |K|$），则：
3.1 找到从 o_k 至 d_k 的最短路径，并计算其旅行时间 $\tau(o_k, d_k)$。
3.2 当（$\tau(o_k, d_k) > T_k$）则：
　a. 针对任务 k 路径上所有的非专用道，计算单位影响下减少的旅行时间（Rcp）；
　b. 令弧 $e = \arg\max Rcp_a$；
　c. 将弧 e 转换为设置专用道的弧；
　d. 计算 $\tau(o_k, d_k)$，如果 $\tau(o_k, d_k) \leqslant T_k$，停止。
3.3 $k = k+1$。

图 3.8　贪婪修复策略

以下应用图 3.9 来说明所提出的贪婪修复程序。针对一个二进制解 $p =$ [0，1，0，0，1，0，0，0，0]，解码后可知运输任务的路径为 0→2→4→3→6，路径由弧 2、5、9 和 8 组成，路径旅行时间为 23，其大于给定的旅行时间 19，如图3.9（a）所示。因此，该方案是不可行的。在这个例子中，弧 9 和 8 是其最短路径上的两个非专用道弧，其减少时间/影响比率分别为 1 和 4/3。因此，根据修复程序，选择弧 8 转化为设置专用道的弧，如图 3.9（b）所示。在进行该转换之后，任务的运行时间为 19，这表明修复后的解[0，1，0，0，1，1，0，0，0]变为一个可行解。

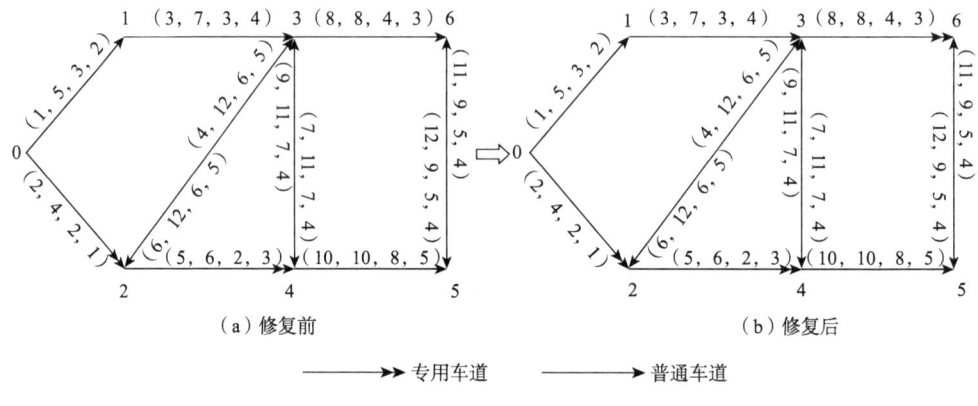

图 3.9　贪婪修复策略举例

3.4.6　适应度函数值计算

算法进化过程中可能存在不可行解。本章设计了一种适用于不可行解惩罚策略的适应度函数。如前所述，由于违反约束（3.9）产生不可行的解。惩罚策略是基于违反程度的概念。定义任务 k 的违反系数，用 φ_k 表示如下：

$$\varphi_k = \begin{cases} 0, & \tau(o_k, d_k) \leqslant T_k \\ [\tau(o_k, d_k) - T_k]/T_k, & \tau(o_k, d_k) > T_k \end{cases}$$

其中，$\tau(o_k, d_k)$ 表示给定专用道网络中任务 k 的最短旅行时间 $k \in K$；φ_k 表示 $\tau(o_k, d_k)$ 与给定的旅行时间 T_k 之间的差距，其测量任务 k 对约束（3.9）的违反程度。令 φ 表示所有任务的平均违反系数，定义为 $\varphi_k/|K|$。另外，如果解是可行的，则 φ 取 0。适应度值 f 计算如下：

$$f = 1 \Big/ \Big(1 + \sum_{a \in A \setminus \Omega_a} C_a z_a + \varphi w \Big) \tag{3.25}$$

其中，$\sum_{a \in A \setminus \Omega_a} C_a z_a$ 表示总负面影响；φ 表示惩罚值；w 表示一个合适的正数。

3.4.7 终止条件

当迭代次数达到最大迭代次数（Maxg）或灾变次数达到最大值（Mct）时，算法停止。

3.4.8 改进 QEA 框架

求解专用道设置优化问题的改进 QEA 框架概括如图 3.10 所示。

步骤 1：执行预处理，求解 LP_1 和 LP_2 获得 L^* 和 U^* 的值。

步骤 2：初始化参数 Ps、Pc、Pm1、Pm2、Pr、Sg、Maxg 和 Mct 的值。设置迭代次数 $t_1 = 0$，灾难计数 $t_2 = 0$。

步骤 3：初始化量子群 $Q(t_1)$ 并观测 $Q(t_1)$ 以获得二进制串 $P(t_1)$，计算每个个体的适应度值，并保存最优个体 b。

步骤 4：如果满足终止条件，输出最优的专用道设置优化问题解决方案，算法停止。

步骤 5：对 $Q(t_1)$ 和 $P(t_1)$ 执行交叉操作，计算每个子代个体的适应度。

步骤 6：执行恢复和修复策略。

步骤 7：执行变异和选择策略产生 $Q'(t_1)$ 和 $P'(t_1)$。

步骤 8：如果灾变条件满足，则对 $Q'(t_1)$ 执行灾变操作，并令 $t_2 = t_2 + 1$。

步骤 9：通过量子旋转门将 $Q'(t_1)$ 更新为 $Q(t_1+1)$。

步骤 10：观测 $Q(t_1+1)$ 以获得二进制串 $P(t_1+1)$，并计算每个个体的适应度。更新最优解决方案 b。令 $t_1=t_1+1$ 并返回步骤4。

图 3.10　改进 QEA 框架图

3.5　模型与算法验证

在本节中所提出算法的性能通过测试 Wu 等（2013）研究的 15 个算例组和 82 个新的随机生成算例组进行评估，每个算例组包含 5 个算例，即总计测试 485 个算例。算法通过在嵌入了优化软件 CPLEX（版本 12.4）的平台 Visual Studio 2008 上采用 C++编码来实现。通过比较解的质量和计算时间，来评估改进 QEA 和 CPLEX 的求解效果。所有计算实验均在个人电脑上进行，电脑配置为 2.5GHz 处理器和 2.95GBRAM，Windows 7 操作系统。

随机算例的生成方式与 Wu 等（2009）、Fang 等（2012）研究的算例生成方式相同。网络采用 Waxman 方法（Climaco and Martins，1982）生成实现。具体而言，交通网络节点从 100×100 区域内随机生成。两个节点之间的弧 a 的存在概率由概率函数 $\alpha\exp(-L_a/\beta L)$ 确定，其中 $0<\alpha$，$\beta\leqslant 1$，L_a 和 L 是弧 a 的距离和网络中任意两点最长的距离。任务节点对从网络中随机生成。T_a 定义为 L_a/V_a，其中 V_a 是弧 a 上的平均速度。T_a 定义为 $b_a\times T_a$。T_k 从 $[\text{dis}_k',\text{dis}_k]$ 中随机生成，其中 dis_k' 为交通网络中未设置专用道时从 o_k 至 d_k 的最短路径行驶时间，dis_k 为交通网络中当各弧均设置专用道时，从 o_k 至 d_k 的最短路径时间。如前所述，本章定义 C_a 为 R_a/V_a。在默认设置中，参数 V_a、b_a 和 R_a 分别从间隔[10，80]、[0.5，0.8]和[11，20]中随机生成。

改进 QEA 是一类迭代启发式算法，其参数根据数值试验设定。通过测试，种群规模 Ps 设置为 50。本章将参数 Pc 设置为 0.7，以进一步提高种群多样性，从而使算法全局搜索加快。变异用于避免算法过早收敛，但过大变异概率 Pm1 或 Pm2 会导致随机突变。因此，本章设置它们为 0.2。较大的修复概率 Pr 意味着更多的不可行解可以在进化过程中得到修复，但是会花费更多时间。因此，Pr 设置为 0.2。参数 Sg、Mct 和 Maxg 分别设置为 10、100 和 500。

令 $|N|$ 和 $|K|$ 分别表示交通网络中的节点数量和任务数量；U 和 Opt 分别表示由 IQEA 获得最好解的平均值和 CPLEX 获得最优解；T 和 T_C 分别表示由 IQEA 和 CPLEX 求解模型 P_0 所花费的平均时间。Gap 计算为 $(U-Opt) \times 100/Opt$，如果 CPLEX 不能精确求解专用道设置优化问题，则 Gap 计算为 $(U-U_C) \times 100/U_C$，其中 U_C 为在给定时间内由 CPLEX 获得的最好上界。Gap 反映了 IQEA 获得解的质量。实验结果的每个值均是五个算例的平均值。对于每个算例，本章运行 IQEA 和 QEA 五次计算其平均值。

为了验证本章的贡献，本章进行了以下实验：①模型 P_0 与现有模型对比实验；②与 Wu 等（2013）提出的 QEA 对比实验；③大规模算例对比实验；④参数敏感性分析实验。

3.5.1 模型 P_0 与现有模型对比实验

为了评估所提出的模型，本章通过求解一些算例将其与文献中模型进行对比实验。本章模型 P_0、Wu 模型（Wu et al., 2009）以及 Fang 模型（Fang et al., 2012）直接通过 CPLEX 求解。令 T_W 和 T_F 分别表示 Wu 模型和 Fang 模型花费的计算时间。模型对比结果见表 3.2。从表 3.2 可以看出，对于所有算例组，模型 P_0 的计算时间均小于 Wu 模型和 Fang 模型，且平均时间仅为后者的 21% 和 65%，这表明模型 P_0 优于现有模型。

表 3.2 模型性能比较表

算例组	$|N|$	$|K|$	T_C/秒	T_W/秒	T_F/秒	T_C/T_W	T_C/T_F
1	50	20	3.61	6.11	4.14	59%	87%
2	60	20	11.5	22.21	15.85	52%	73%
3	70	20	19.11	52.68	35.69	36%	54%
4	80	20	33.64	158.28	56.79	21%	59%
5	90	20	56.94	351.75	79.91	16%	71%
平均			24.96	118.21	38.48	21%	65%

3.5.2 与 Wu 等（2013）提出的 QEA 对比实验

Wu 等（2013）提出了一个 QEA 获得专用道设置优化问题的近似最优解，其可以求解网络规模最大为 150 个节点和 30 个任务的算例。为了评估本章提出的 IQEA，比较其和 QEA 的性能。令 T' 表示 QEA 的计算时间。为了对比公平，两个算法的所有参数设置相同。

表 3.3 报道了 $|K|$=20，25，30，$|N|$ 从 110 增加到 150 算例的计算结果。从表 3.3 可以看出，QEA 的 Gap 从 0.86%变化至 3.34%，平均值为 2.09%，IQEA 的 Gap 从 0.62%变化至 2.01%，平均值为 1.45%。结果表明 QEA 和 IQEA 都可以获得高质量的解，但 IQEA 获得解的 Gap 更小，IQEA 获得解的质量更高。

表 3.3 $|K|$=20、25、30，$|N|$=110、120、130、140、150 算例的计算结果

算例组	$|N|$	$|K|$	QEA		IQEA		T/T'
			Gap	T'/秒	Gap	T/秒	
6	110	20	1.25%	139.42	1.16%	48.07	34%
7	120		3.08%	237.49	1.75%	70.93	30%
8	130		1.41%	239.39	0.89%	71.40	30%
9	140		3.23%	291.37	1.92%	92.05	32%
10	150		0.92%	337.84	0.62%	104.23	31%
11	110	25	1.97%	214.61	1.89%	59.24	28%
12	120		2.95%	237.73	1.99%	66.73	28%
13	130		1.76%	256.60	1.57%	90.66	35%
14	140		1.89%	286.15	1.12%	86.95	30%
15	150		3.34%	307.83	1.89%	105.29	34%
16	110	30	2.51%	216.66	1.28%	78.48	36%
17	120		0.86%	241.84	0.68%	89.98	37%

续表

算例组	$|N|$	$|K|$	QEA		IQEA		T/T'
			Gap	T' /秒	Gap	T /秒	
18	130	30	2.81%	307.69	2.01%	102.87	33%
19	140		1.59%	367.95	1.56%	118.12	32%
20	150		1.85%	469.12	1.46%	147.19	31%
平均			2.09%	276.78	1.45%	88.81	32%

在求解时间方面，可以观察到 T' 从 139.42 秒增加至 469.12 秒，而 T 从 48.07 秒变化到 147.19 秒。IQEA 所花费的时间要比 QEA 少得多。平均而言，IQEA 仅花费了 QEA 计算时间的 32%。另外，针对一个固定的 $|K|$，随着 $|N|$ 的增长，T' 增加速度比 T 快得多，特别是对于 $|K|$=30。此外，对于相同的 $|N|$，T 和 T' 都随 $|K|$ 增加而增加，但是 T 增加得更缓慢。这表明 IQEA 在计算时间方面比 QEA 更有效。特别是对于最大规模算例组 20，QEA 在 469.12 秒内找到 Gap 为 1.85% 近似最优解，而 IQEA 在 147.19 秒内找到 Gap 为 1.46% 近似最优解。后者的计算时间仅为前者的 31%。综上，IQEA 可以在更短时间内获得比 QEA 更高质量的解。

3.5.3 大规模算例对比实验

为了进一步评估 IQEA 的性能，本章测试更大规模算例，并将其与众所周知的求解器 CPLEX 在求解质量和时间等两方面进行比较。IQEA 和 CPLEX 求解每个算例的计算时间限制为 18 000 秒。

首先，本章随机生成并测试具有固定节点数 $|N|$=100，任务数 $|K|$ 从 10 增加到 60 的算例。计算结果总结在表 3.4 中。从表 3.4 中可以观察到，算法 Gap 从 0.90% 变化至 2.66%，平均 Gap 为 2.14%。这表明 IQEA 可以找到非常接近最优解的解。同时，IQEA 的计算时间在 21.72 秒至 117.31 秒之间变动，平均时间为 76.38 秒，而 CPLEX 所花费的时间在 7.58 秒至 3 438.43 秒之间变动，平均时间为 848.30 秒。通过比较 T 与 T_C，可以观察到 IQEA 在计算时间方面显著优于 CPLEX。平均而言，本章所提出算法对于所有算例仅花费了 CPLEX

时间的 9%，距离最优解的平均 Gap 仅为 2.14%。从表 3.4 和图 3.11 可以看到，CPLEX 的时间随着任务数量$|K|$的增加而快速增加，IQEA 的时间则缓慢增加。此外，T/T_C 的比值随$|K|$的增加而减小。以算例组 28 为例，IQEA 只需要 117.31 秒，找到接近平均 Gap 为 2.49% 的近似最优解，而 CPLEX 找到最优解需要超过 3 400 秒的时间。

表 3.4 $|N|$ = 100 和$|K|$=10、20、25、30、35、40、50、60 算例的计算结果

算例组	$|K|$	Gap	T / 秒	T_C / 秒	T/T_C
21	10	0.90%	21.72	7.58	287%
22	20	1.87%	34.06	48.04	71%
23	25	2.29%	73.28	207.03	35%
24	30	2.23%	78.58	237.94	33%
25	35	2.25%	83.88	548.74	15%
26	40	2.66%	97.85	885.55	11%
27	50	2.42%	104.32	1 413.11	7%
28	60	2.49%	117.31	3 438.43	3%
平均		2.14%	76.38	848.30	9%

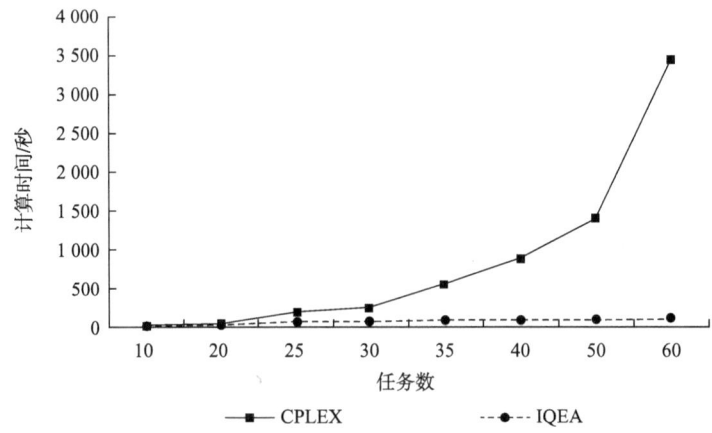

图 3.11 $|N|$ = 100 和$|K|$=10、20、25、30、35、40、50、60 算例的计算时间

表 3.5 给出了|K|和|N|分别为 20、30、40 和 160、170、180、190、200 算例的计算结果。从表 3.5 可以观察到，Gap 在 2.43%至 7.81%之间变化，平均值为 5.40%。这表明我们的算法可以找到高质量的解。另外，可以看出，Gap 的值随着|N|和|K|的增加而有所增加。一般说来，Gap 在 2.43%至 7.81%之间变化，表明所提出算法的求解质量相对稳定。

表 3.5　|K|=20、30、40 和|N| = 160、170、180、190、200 算例的计算结果

算例组	$|N|$	$|K|$	Gap	T / 秒	T_C / 秒	T/T_C
29	160	20	3.24%	92.60	334.88	27.65%
30	170	20	2.43%	87.38	385.54	22.66%
31	180	20	3.44%	99.95	462.39	21.62%
32	190	20	4.86%	146.10	773.62	18.89%
33	200	20	4.52%	168.58	1 515.47	11.12%
34	160	30	4.50%	94.30	491.85	19.17%
35	170	30	7.56%	120.47	3 375.22	3.57%
36	180	30	6.36%	139.99	4 695.39	2.98%
37	190	30	5.34%	196.39	6 650.25	2.95%
38	200	30	6.86%	220.45	8 570.59	2.57%
39	160	40	5.46%	132.34	6 054.21	2.19%
40	170	40	5.93%	140.76	8 325.38	1.69%
41	180	40	5.65%	159.22	9 565.31	1.66%
42	190	40	7.06%	246.35	11 338.20	2.17%
43	200	40	7.81%	254.40	14 401.20	1.77%
平均			5.40%	153.29	5 129.30	2.99%

另外，从表 3.5 可以看出，对于所有的算例组，T_C 从 334.88 秒增加

至 14 401.20 秒，平均值为 5 129.30 秒，而 T 仅从 87.38 秒增加至 254.40 秒。T 求解所有算例的时间均小于 T_C，前者的平均时间仅为后者 2.99%。此外，对于固定的 $|K|$，T_C 随着 $|N|$ 增加而急剧增加，而 T 增加相对缓慢，如图 3.12 所示。对于固定的 $|N|$，T_C 也随 $|K|$ 快速增加，而 T 增长相对缓慢。此外，T/T_C 比值随着 $|N|$ 和 $|K|$ 的增加而减小。这表明本章所提出算法求解大规模问题比小规模问题更加有效。计算结果表明，IQEA 在计算时间方面显著优于 CPLEX。值得指出的是，CPLEX 需要 14 401.20 秒才能找到算例组 43 的最优解，而 IQEA 仅花费了 254.40 秒找到了距离最优解 7.81% 的解决方案。

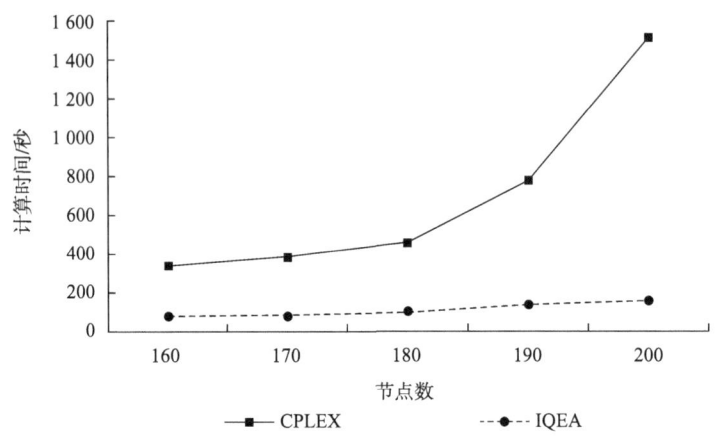

图 3.12　$|K| = 20$ 和 $|N|=160$、170、180、190、200 算例的计算时间

表 3.6 报道了 $|N|$ 从 250 增加到 500，$|K|$ 从 30 增加到 50 的更大规模算例的计算结果。从表 3.6 可以看出，CPLEX 不能在 18 000 秒内求解所有算例的最优解。即使是具有 $|N| = 250$ 和 $|K| = 30$ 的最小规模算例，其五个算例中的一个也不能精确求解。从表 3.6 中还可以看出，IQEA 找到的解与 CPLEX 找到的最好上界平均 Gap 为 7.34%。这表明 IQEA 能找到大规模问题高质量的解。此外，IQEA 仅需要 722.53 秒（CPLEX 所花费时间的 4.36%）便可以获得距离 CPLEX 最好上界平均 Gap 为 7.34% 的解。特别需要指出的是，由于内存不足，CPLEX 不能找到算例组 48 的可行解，而 IQEA 能在 1 443.88 秒内找问题高质量的可行解。这也表明开发启发式算法来求解大规模问题的近似最优解十分必要，这是因为由于专用道设置优化问题的 NP-难特性，精确算法已不能找到问题的任何可行解。

表 3.6 |N| = 250、300、350、400、500 和 |K|=30、40、50 算例的计算结果

算例组	$|N|$	$|K|$	Gap	T / 秒	T_C / 秒	T/T_C
44	250	30	5.52%	268.30	10 927.17	2.46%
45	300	30	8.76%	361.48	18 000.00	2.01%
46	350	40	7.89%	578.41	18 000.00	3.21%
47	400	40	7.20%	960.56	18 000.00	5.34%
48	500	50		1 443.88	18 000.00	8.02%
平均			7.34%	722.53	16 585.43	4.36%

3.5.4 参数敏感性分析实验

如前所述,交通网络中专用道设置影响参数对专用道设置决策至关重要。因此,为了表明所提出算法性能对于不同影响参数是鲁棒和稳定的,本节测试了三类负面影响参数。交通影响 C_a 定义为 R_a/V_a。参数 R_a 从区间[11, 20]生成,视作基准。另外两种情况下的 R_a 分别从区间[1, 10](小于基准)和[21, 30](大于基准)生成,其他参数保持不变。对比实验结果总结在表 3.7 中。

表 3.7 专用道设置负面影响参数 $C_a = R_a/V_a$ 敏感性分析

算例组	R_a	$|N|$	$|K|$	Gap	T / 秒	T_C / 秒	T/T_C
49	[1, 10]	50	20	0.06%	7.16	5.74	125%
50	[1, 10]	60	20	0.15%	8.12	9.89	82%
51	[1, 10]	70	20	1.02%	8.20	10.33	79%
52	[1, 10]	80	20	2.13%	11.13	29.44	38%
53	[1, 10]	90	20	0.84%	16.23	32.54	50%
54	[1, 10]	100	20	1.58%	30.89	48.36	64%
55	[11, 20]	50	20	0.21%	6.80	3.61	188%
56	[11, 20]	60	20	0.59%	8.11	11.50	71%

续表

算例组	R_a	$|N|$	$|K|$	Gap	T/秒	T_C/秒	T/T_C
57	[11, 20]	70	20	1.08%	9.10	19.11	48%
58	[11, 20]	80	20	2.04%	11.25	33.64	33%
59	[11, 20]	90	20	0.45%	16.98	41.90	41%
60	[11, 20]	100	20	1.87%	30.22	48.04	63%
61	[21, 30]	50	20	0.52%	6.76	5.52	122%
62	[21, 30]	60	20	0.53%	7.55	13.67	55%
63	[21, 30]	70	20	1.02%	8.99	24.47	37%
64	[21, 30]	80	20	1.88%	10.84	36.55	30%
65	[21, 30]	90	20	0.84%	20.01	46.16	43%
66	[21, 30]	100	20	2.26%	33.46	75.21	44%
平均				1.06%	13.99	27.54	51%

在表 3.7 中，可以看出，Gap 在 0.06%至 2.26%之间变化，平均 Gap 为 1.06%。这表明所提出算法可以找到高质量且接近最优解的近似最优解。此外，对于 R_a=[1,10]，Gap 在 0.06%至 2.13%之间变化；对于 R_a=[11, 20]，Gap 在 0.21%至 2.04%之间变化；对于 R_a=[21, 30]，Gap 在 0.52%至 2.26 %之间变化。另外，除了每种情况中最小规模算例组 49、55 和 61 之外，T 均小于 T_C，所提出算法的平均时间仅为 CPLEX 的 51%。此外，所提出算法的时间分别在 7.16 秒和 30.89 秒之间，6.80 秒和 30.22 秒之间，6.76 秒和 33.46 秒之间。对于所有情况，算法时间变化几乎相同。T/T_C 的变化也几乎相同。这表明 IQEA 性能对交通负面影响参数变化不敏感。

此外，本章还对参数 V_a 和 b_a 进行了敏感性分析实验，这些参数与每个路段上的旅行时间参数有关。本章还测试了每个参数的三类情况，计算结果如表3.8 和表3.9 所示。从中可以发现与表3.7 类似的结果。这表明 IQEA 的性能对参数 T_a 和 T_a' 的变化也不敏感。

表 3.8　路段行驶时间参数 $T_a = L_a/V_a$ 敏感性分析

算例组	V_a	$|N|$	$|K|$	Gap	T/秒	T_C/秒	T/T_C
67	[5, 10]	50	20	0.13%	6.27	4.78	131%
68	[5, 10]	60	20	0.17%	7.16	10.12	71%
69	[5, 10]	70	20	1.23%	8.94	11.04	81%
70	[5, 10]	80	20	1.12%	10.33	25.86	40%
71	[5, 10]	90	20	1.67%	17.91	35.23	51%
72	[5, 10]	100	20	2.11%	33.70	52.31	64%
73	[10, 80]	50	20	0	7.87	4.79	164%
74	[10, 80]	60	20	0.21%	9.25	12.37	75%
75	[10, 80]	70	20	1.61%	10.01	20.34	49%
76	[10, 80]	80	20	1.92%	11.02	34.78	32%
77	[10, 80]	90	20	1.01%	16.41	42.41	39%
78	[10, 80]	100	20	1.22%	32.31	46.32	70%
79	[80, 120]	50	20	0.03%	5.76	3.68	157%
80	[80, 120]	60	20	0.39%	8.57	9.24	93%
81	[80, 120]	70	20	1.42%	9.35	19.38	48%
82	[80, 120]	80	20	0.96%	13.47	34.20	39%
83	[80, 120]	90	20	1.24%	22.45	43.01	52%
84	[80, 120]	100	20	1.48%	30.12	51.28	59%
平均				1.00%	14.49	25.62	57%

表 3.9　路段行驶时间参数 $T_a' = b_a T_a$ 敏感性分析

算例组	V_a	$|N|$	$|K|$	Gap	T/秒	T_C/秒	T/T_C
85	[0.1, 0.5]	50	20	0.09%	8.41	6.02	140%

续表

算例组	V_a	$|N|$	$|K|$	Gap	T / 秒	T_C / 秒	T/T_C
86	[0.1, 0.5]	60	20	0.12%	9.01	10.06	90%
87	[0.1, 0.5]	70	20	0.83%	10.00	11.25	89%
88	[0.1, 0.5]	80	20	1.37%	11.20	25.74	44%
89	[0.1, 0.5]	90	20	0.94%	14.56	30.49	48%
90	[0.1, 0.5]	100	20	1.67%	28.32	43.02	66%
91	[0.5, 0.8]	50	20	0.32%	7.99	5.70	140%
92	[0.5, 0.8]	60	20	1.05%	9.03	10.80	84%
93	[0.5, 0.8]	70	20	1.27%	11.33	19.42	58%
94	[0.5, 0.8]	80	20	1.93%	12.08	36.29	33%
95	[0.5, 0.8]	90	20	2.21%	15.28	44.34	34%
96	[0.5, 0.8]	100	20	1.94%	31.23	70.26	44%
97	[0.8, 0.95]	50	20	0.04%	5.66	4.32	131%
98	[0.8, 0.95]	60	20	0.42%	6.78	10.20	66%
99	[0.8, 0.95]	70	20	0.85%	8.70	22.44	39%
100	[0.8, 0.95]	80	20	1.27%	11.20	32.18	35%
101	[0.8, 0.95]	90	20	0.79%	21.03	44.25	48%
102	[0.8, 0.95]	100	20	1.77%	29.04	50.35	58%
平均				1.05%	13.94	26.51	53%

综上，本章研究了一个 NP-难的专用道设置优化问题，提供了四个方面贡献：①建立了专用道设置优化问题改进的 ILP 模型。随机生成算例的计算结果表明，改进模型比文献中的模型更加有效。②提出了一种新方法用于更好地评估专用道设置的负面交通影响。③研究分析得出了减少最优解的搜索

空间的性质。④基于问题性质，设计了快速高效地求解大规模专用道设置优化问题的 IQEA。485 个随机生成算例的计算结果表明，该算法可以为交通网络规模为 500 个节点和 50 个任务的大规模问题提供高质量的解。所提出的算法将有希望被用于求解现实生活中的专用道设置优化问题。

虽然本章提出的 IQEA 已经能够有效求解大规模专用道设置优化问题，取得良好的效果，但其仍然存在一些局限。第一，通常情况下对于 IQEA 而言，获取专用道设置优化问题的可行解并不困难。这是因为专用道设置优化问题可行解空间相对比较大，同时算法的修复策略可以有效修复进化过程中的不可行解。然而，当专用道设置优化问题的可行解空间非常小时，所提出的算法可能花费很多时间来找到可行的解，甚至出现在迭代终止时找不到可行的解。因此，在未来研究中，可以考虑根据专用道设置优化问题性质设计构造方法，为 IQEA 生成初始可行解来避免上述问题。第二，从计算结果可以观察得到，差距值 Gap 和计算时间随问题规模增加有增加的趋势。基于我们的观察，我们发现问题规模越大，IQEA 陷入局部最优的可能性就越大。因此，可以将有效的局部搜索技术，如禁忌搜索（James et al., 2009; Schaerf, 1999; Gendreau et al., 1994; Lee et al., 2003）引入 IQEA 中，以在更短的时间内获得更好的解。第三，IQEA 能够为具有大规模算例（如算例组 48）找到可行解，但由于专用道设置优化问题的 NP-难特性，CPLEX 不能找到问题的最优解，不能用于评价解的有效性，故可以采用有效的松弛方法来获得良好的下界以评估所获得的解。

另外，在实际情况下，评估专用道设置的负面交通影响是非常具有挑战性的。这是因为它与许多因素有关，如动态交通流量、设置时间和其他路段状态。虽然与 Wu 等（2009）、Fang 等（2012）、Zhou 等（2013）的研究相比，本章提出了改进的专用道设置负面交通影响评估方法，但其仍需要进一步研究，如将道路段之间的相互作用整合到交通影响评估中是重要方向之一。未来研究方向包括将本章所研究问题扩展到其他类型的专用道设置优化问题，如公交车专用道设置优化问题，并开发高效的搜索技术（Cao et al., 2009; Zhu et al., 2012; Tarantilis et al., 2009; Hu and Paolo, 2008; Zhu and Zhou, 2008, 2009; Kang et al., 2013; Luo et al., 2014; Dong and Zhou, 2014; Zhang et al., 2014; Zuo et al., 2015; Liang et al., 2015）来有效地求解这些问题。

第4章 专用道设置鲁棒优化模型与方法

4.1 引　　言

本章将第3章的问题扩展至一个满足大规模事件特殊交通运输需求的RLRP。这些大规模事件通常具有以下特征（Wu et al.，2009）：①许多人参与；②许多活动在不同的地点发生。特别是，这些特殊事件通常需要组织者在给定时间内将有关人员从指定起始点运送至地理上分散的各个目的地点。在现有交通网络中设置专用道是一种解决这类问题灵活且有效的方式。通过采用该策略，交通网络中一些路段上的某一条车道暂时作为专用道以供这些特殊运输任务使用，使得它们可以在给定的旅行时间内完成。然而，设置专用道可能会对正常交通产生负面的影响，因而在交通网络中合理地设置专用道以最小化专用道设置负面影响至关重要。为了解决上述问题，Wu 等（2009）率先研究了满足大型运动会事件期间交通运输需求的专用道设置优化问题。在 Wu 等(2009)研究的基础上，Che等(2015)、Wu 等（2013）提出了启发式算法快速获得该问题的近似最优解。Fang 等（2012）将 Wu 等（2009）考虑的专用道设置优化问题扩展为一个考虑路段剩余通行容量限制的专用道设置优化问题。与第 2 章研究的大规模自动卡车专用道设置优化问题相比，本章考虑的 RLRP 松弛了任务路径全部由专用道组成的要求，后者是前者的一类扩展。

所有现有专用道设置优化问题研究的一个共同假设是，路段行驶时间是一个恒定值，考虑为路段平均行驶时间。在现实生活中，不确定因素（如动态路段交通流、交通事故及任务车辆的故障等）可能使预计的路段行驶时间增加。如果运输路径上的一些路段上的行驶时间超出预先给定值，则可能使任务完成时间超过给定的运输时间限制，即在静态路段网络情况下所获得的可行专用道方案可能因上述不确定因素变得不可行。虽然 Fang 等（2014）在上述专用道设置优化中考虑了动态的路段行驶时间，但是他仅将整个时间段划分为四个间隔，而每个间隔内仍考虑恒定的平均行驶时间。实际上，在每个时间间隔中路段行驶时间仍然可能因不确定交通因素而动态改变。这意味着在每个时间间隔中的路段行驶时间仍可能超过其恒定的平均值，此时获得的专用道方案仍可能不可行。因此，在专用道设置时考虑上述不确定性因素，使得获得的解决方案鲁棒可靠是十分有必要的。目前大多数研究尚未在专用道设置优化中考虑不确定因素。

本章引入专用道设置鲁棒性的概念来研究路段行驶时间的不确定性。专用道设置方案的鲁棒性可以看作应对因不确定因素引起的路段行驶时间增加的缓冲能力，本章尝试设计一个鲁棒的专用道设置方案，使得即使不确定因素导致实际任务时间增加，所有任务仍然可以在其运输时限内完成。据我们所知，仅有少量研究引入专用道设置鲁棒性概念来解决考虑不确定因素的专用道设置优化问题（吴鹏，2013）。本章所研究的 RLRP 旨在交通网络中最优地设置专用道和设计任务运输路径，满足快速运输需求，同时最小化专用道设置的总负面影响和最大化专用道设置方案的鲁棒性。由于专用道设置鲁棒性目标的引入，所研究的专用道设置优化问题为多目标组合优化问题。现有单目标优化方法不能直接求解该问题。虽然吴鹏（2013）对上述 RLRP 进行了研究，但仅采用迭代 ε-约束方法（Feng et al.，2014）对小规模问题进行了求解。为有效求解该问题，本章开发一个改进的精确 ε-约束和分割求解相结合算法以获得所研究多目标问题的 Pareto 前沿。最后，通过基准算例和大规模随机生成算例对所提出的方法进行了验证。

本章组织如下：4.2 节给出了专用道设置鲁棒性定义并建立了所研究问题的数学模型；4.3 节提出了改进的精确 ε-约束和分割求解相结合的方法；4.4 节给出了数值实验结果，并对本章进行了小结。

4.2 问题建模

4.2.1 问题描述和变量定义

本章所研究的 RLRP 可以描述如下。令有向图 $G=(N, A)$ 表示一个交通运输网络,该网络由一组节点 N 和一组有向弧 A 组成。节点和弧可以分别看作道路交叉点和交通网络中的路段。给定一组交通运输任务和它们对应的起讫对(origin-destination, OD),该问题旨在从现有交通网络中选择某些路段设置专用道,并为每个运输任务设计一条有时间保证的运输路径,使得运送任务在规定时间内完成,其优化目标为同时最小化专用道设置总负面影响和最大化专用道设置方案鲁棒性。

根据问题特点,本章采用了以下专用道鲁棒性定义方法。

定义 4.1:对于任务 $k \in K$,定义任务自由度 S_k 为其要求的运输时限与实际运输路径上旅行总时间的差值。专用道设置方案的鲁棒性(用 R 表示)定义为所有自由度 S_k 中的最小值(即 $R=\min S_k, k \in K$)。

专用道的鲁棒性代表了应对由不确定因素引起路段时间增加的缓冲能力。鲁棒性值越大,所获得方案应对由不确定因素引起路段时间增加的能力越强。

为了更好地研究该问题,首先给出以下假设:①在每个路段上存在至少两条车道以便可以设置一条专用道;否则设置专用道的负面影响会十分严重。②由于特殊任务车辆数量有限,专用道的通行能力足以让任何运输任务使用。③在任意一个路段允许至多设置一条专用道,且每条专用道可以由多个任务共享。④每个任务的运输路径可以由专用道和非专用道组成。也就是说,任务路径是部分设置专用道的。RLRP 的输入参数和决策变量总结如下。

(1)集合与参数:

N:节点集合,$i \in N$;

A:弧的集合,$(i, j) \in A$;

K:任务的集合,$k \in K$;

O：任务的起点集合，$O \subseteq N$；

D：任务的终点集合，$D \subseteq N$；

o_k：任务 $k \in K$ 的起点，$o_k \in O$；

d_k：任务 $k \in K$ 的终点，$d_k \in D$；

T_k：任务 $k \in K$ 给定的运输时间；

τ_{ij}：在弧 $(i, j) \in A$ 的专用道上的运行时间；

τ'_{ij}：在弧 $(i, j) \in A$ 未设置专用道的运行时间；

C_{ij}：在弧 $(i, j) \in A$ 设置专用道对其他车道的影响。

（2）决策变量：

z_{ij}：$z_{ij}=1$，若在弧 $(i, j) \in A$ 设置专用道；否则，$z_{ij}=0$。

x_{ij}^k：$x_{ij}^k=1$，若在弧 $(i, j) \in A$ 设置专用道且任务 $k \in K$ 经过该弧；否则，$x_{ij}^k=0$。

y_{ij}^k：$y_{ij}^k=1$，若在弧 $(i, j) \in A$ 未设置专用道且任务 $k \in K$ 经过该弧；否则，$y_{ij}^k=0$。

R：专用道的鲁棒性。

4.2.2 数学模型

RLRP 数学模型由目标函数（4.1）和目标函数（4.2）及约束（4.3）~约束（4.16）组成，如下所示。

$$P_r: f_1 : \min \sum_{(i,j) \in A} C_{ij} z_{ij} \tag{4.1}$$

$$f_2 : \max R \tag{4.2}$$

$$\text{s.t.} \sum_{(i,j) \in A} \left(x_{ij}^k + y_{ij}^k \right) = 1, i = o_k, \forall k \in K \tag{4.3}$$

$$\sum_{(i,j) \in A} \left(x_{ij}^k + y_{ij}^k \right) = 1, j = d_k, \forall k \in K \tag{4.4}$$

$$\sum_{(i,j) \in A} \left(x_{ij}^k + y_{ij}^k \right) = 0, i = d_k, \forall k \in K \tag{4.5}$$

$$\sum_{(i,j) \in A} \left(x_{ij}^k + y_{ij}^k \right) = 0, j = o_k, \forall k \in K \tag{4.6}$$

$$\sum_{j:(i,j) \in A} \left(x_{ij}^k + y_{ij}^k \right) = \sum_{j:(j,i) \in A} \left(x_{ji}^k + y_{ji}^k \right), \forall j \setminus N\{o_k, d_k\}, \forall k \in K \tag{4.7}$$

$$\sum_{j:(i,j) \in A} \left(x_{ij}^k + y_{ij}^k \right) \leqslant 1, \forall j \setminus N\{o_k, d_k\}, \forall k \in K \tag{4.8}$$

$$\sum_{j:(j,i)\in A}\left(x_{ji}^{k}+y_{ji}^{k}\right)\leqslant 1, \forall j \setminus N\{o_k,d_k\}, \forall k \in K \quad (4.9)$$

$$\sum_{(i,j)\in A}\left(x_{ij}^{k}\tau_{ij}+y_{ij}^{k}\tau_{ij}'\right)\leqslant T_k, \forall k \in K \quad (4.10)$$

$$S_k = T_k - \sum_{(i,j)\in A}\left(x_{ij}^{k}\tau_{ij}+y_{ij}^{k}\tau_{ij}'\right), \forall k \in K \quad (4.11)$$

$$R \leqslant S_k, \forall k \in K \quad (4.12)$$

$$x_{ij}^{k} \leqslant z_{ij}, \forall (i,j) \in A, \forall k \in K \quad (4.13)$$

$$y_{ij}^{k} \leqslant 1-z_{ij}, \forall (i,j) \in A, \forall k \in K \quad (4.14)$$

$$z_{ij}, x_{ij}^{k}, y_{ij}^{k} \in \{0,1\}, \forall (i,j) \in A, \forall k \in K \quad (4.15)$$

$$R \geqslant 0 \quad (4.16)$$

目标（4.1）为最小化所有专用道设置造成的总负面影响。目标（4.2）为最大化专用道设置鲁棒性。约束（4.3）~约束（4.9）保证了每个运输任务存在一条可行路径。更进一步来讲，约束（4.3）和约束（4.4）分别表示只存在一条从起始点 o_k 出来的弧和一条进入目的地点 d_k 的弧。约束（4.5）和约束（4.6）分别保证了没有进入起始点 o_k 的弧和从目的地点 d_k 出去的弧。约束（4.7）是流平衡约束。约束（4.8）和约束（4.9）保证了每个运输任务经过网络中任意节点至多一次。约束（4.10）保证完成运输任务 $k \in K$ 所花费的总旅行时间不会超过其运输时限 T_k。约束（4.11）计算了任务的自由度。约束（4.12）保证了专用道鲁棒性为所有任务中最小的自由度。约束（4.13）表示当且仅当在弧 (i,j) 上设置专用道时，任务 $k \in K$ 才能通过弧 (i,j) 上的专用道。约束（4.14）表示当在弧 (i,j) 上未设置专用道时，任务 $k \in K$ 才能通过弧 (i,j) 上的普通车道。约束（4.15）给出了决策变量的范围。约束（4.16）限制专用道鲁棒性的值为非负。需要指出的是，与吴鹏（2013）研究的模型相比，模型 P_r 定义了新的决策变量 y_{ij}^k 和引入了新的约束（4.5）、约束（4.6）、约束（4.8）、约束（4.9）。

定理 4.1：RLRP 属于 NP-难问题。

证明：考虑 RLRP 的一种特殊情况，即只存在目标函数 f_1 且任务运输路径需完全由专用道组成。显然，这种特殊情况对应于在第 2 章中所研究的 ATLRP，后者已经被证明是 NP-难问题。因此，RLRP 也属于 NP-难问题。

通过观察模型 P_r 可知，该模型有两个相互冲突的优化目标。为了最小化专用道设置总负面影响 f_1，通常需要尽可能少地设置专用道。为了最大化专用道方案的鲁棒性 f_2，则需要设置更多的专用道。易知，P_r 等价于以下

模型 P_r'。

$$P_r': f_1: \min \sum_{(i,j)\in A} C_{ij}z_{ij}$$
$$f_2: \min -R$$
$$\text{s.t. 约束（4.3）~约束（4.16）}$$

在 4.3 节将提出一类有效求解模型 P_r' 的精确算法。

4.3　ε-约束法和分割求解算法相结合算法

对于一个多目标组合优化问题，Pareto 最优性概念取代了在单目标优化问题中的最优性。求解多目标组合优化问题意味着找出一组 Pareto 最优（或非支配）解。对于所研究的 RLRP，本章旨在提出精确的方法获得其所有的非支配点，即 Pareto 前沿。标量化方法已经被提出了用于精确求解多目标组合优化问题。最常用和直接的方法是线性加权方法（Zadeh，1963），它旨在通过使用的线性加权组合所有目标，从而将一个多目标组合优化问题转换为一个单目标优化问题。如果设置合理的目标权重，所获得的单目标优化问题的最优解则为原多目标优化问题的 Pareto 最优解。值得指出的是，转换的单个目标是通过线性加权将所有目标简单组合而确定的。因此，当不是所有目标都可以通过线性组合表达时，该方法将不能直接适用。此外，线性加权方法不适用于求解具有非凸目标空间的多目标优化问题（Ehrgott，2006）。

解决多目标组合优化问题的另一个常用的标量化技术是由 Haimes 等（1971）引入的 ε-约束法，它旨在优化单个优先考虑的目标，而将其他的目标转换为约束。在理论上，多目标组合优化问题的 Pareto 前沿可以通过 ε-约束法获得。该方法避免了上述线性加权方法的缺点（Mavrotas，2009）。此外，ε-约束法从 1982 年首先被用来解决双目标最短路径问题以来（Climaco and Martins，1982），已被应用于解决大多数双目标组合优化问题（Zhou et al.，2013；Bérubé et al.，2009；Feng et al.，2014；Jozefowiez et al.，2007；Leitner et al.，2013；Reiter and Gutjahr，2012）。鉴于 ε-约束法的广泛应用及其精确求解双目标组合优化问题的优越性，本章将其应用于求解 RLRP。

4.3.1　增强 ε-约束法

带有整数目标值双目标优化问题的精确 ε-约束法可以找到具有整数目标函数值的双目标优化问题的精确 Pareto 前沿。这些问题具有以下两个特点，其保证了这些问题的目标值总是整数。

（1）ILP 问题，也即所有决策变量均为整数。

（2）目标函数中决策变量的系数都是整数。

然而，针对带有分数目标函数值的双目标组合优化问题，直接应用现有精确 ε-约束法可能会失去部分 Pareto 前沿上的非支配点。为此，Feng 等（2014）提出了一个迭代 ε-约束法来获得带有分数目标函数值双目标调度问题的 Pareto 前沿。但是，该方法每次迭代都需要进行一次词典优化（lexicographic optimization），它额外增加的计算时间是巨大的。为了克服上述缺陷，本节提出了一个增强版本的精确 ε-约束法（简称增强 ε-约束法）用于求解带有分数目标函数值的双目标组合优化问题。

定义 4.2：（最小 ε 单位值）对于任意一个双目标组合优化问题，最小单位值定义为 f_2 的最小目标单位值。

通过将带有整数目标值双目标优化问题的精确 ε-约束法的参数 δ 设置为双目标组合优化问题的最小单位值，便得到了增强 ε-约束法。

定理 4.2：如果带有整数目标值双目标优化问题的精确 ε-约束法的参数 δ 设置为双目标组合优化问题的最小单位值，该问题的 Pareto 前沿可以通过增强 ε-约束法获得。

证明：定理 4.2 的正确性可以通过 Bérubé 等（2009）的证明过程类似证得，更多细节可以参考 Bérubé 等（2009）的研究。

本质上讲，所提出增强 ε-约束法是 Bérubé 等（2009）精确 ε-约束法的一类扩展。通过定义最小单位值的定义，增强 ε-约束法可以找出一些带有分数目标值双目标组合优化问题 Pareto 前沿，如特殊 ILP 和混合整数规划问题，具体如下：

（1）ILP 问题，其中目标函数中决策变量的系数是分数；

（2）混合整数规划问题，其中目标函数仅包含整数变量但变量系数是分数；

（3）混合整数规划问题，其中目标函数包含整数和实数变量，但最小单位值可以确定。

显然，上述情况（1）和（2）问题的最小单位值是目标函数 f_2 中系数的最小单位值。如果设置 δ 作为最小单位值，那么它们的 Pareto 前沿可以通过应用增强 ε-约束法获得。对于情况（3）中的问题，通常一个双目标优化问题的最小单位值由实数变量的值及目标函数和约束中的系数等综合决定，这需要具体情况具体分析以确定 δ 的值。尽管针对这种情况，本章进行了许多尝试，但目前还未找到一个通用方法，这需要在将来进行更多的研究。本章研究的 RLRP 属于情况（2），其最小单位值可以确定。在第 5 章中，本章应用增强 ε-约束法求解 RLRP，验证其适应性。

如上所述，所研究的 RLRP 有两个相互冲突的目标，本章将其第一个目标定为优先考虑目标。基于 ε-约束法的基本原理，RLRP 的多目标优化模型可被转化为以下单目标模型。

为简化表述，令 $C(\varepsilon)$ 表示 $P_C(\varepsilon)$ 问题的最优目标函数值。注意，如果所有的运输任务的起始地相同且 ε 的值足够大，那么其对应的问题可以归约为斯坦纳树问题。后者属于经典 NP-难问题，因此 $P_C(\varepsilon)$ 问题也属于 NP-难问题。

接下来，本章提出一个改进 ε-约束法求解 RLRP。基于对 P_r' 性质的分析，将增强 ε-约束法适应于求解 P_r'。为进一步提升算法性能，设计了分割求解算法精确求解每次迭代中的 $P_C(\varepsilon)$，理想点中鲁棒性目标的最优值通过设计一个简单的多项式算法求得。此外，提出加强技术用于减少算法无效迭代，加速算法求解。

1. 理想点和最低点计算

应用精确 ε-约束法求解多目标组合优化问题，需要计算所求解问题的理想点和最低点。针对 RLRP，理想点（C^I，R^I）和最低点（C^N，R^N）分别计算如下：

$$P_{C^I}: C^I = \min \sum_{(i,j) \in A} C_{ij} z_{ij}$$

s.t. 约束（4.3）~约束（4.16）

$$P_{R^I}: -R^I = \min -R$$

s.t. 约束（4.3）~约束（4.16）

问题 P_{C^N} 通过添加了约束（4.17）获得

$$P_{C^N}: \quad C^N = \min \sum_{(i,j) \in A} C_{ij} z_{ij} \tag{4.17}$$

$$\text{s.t.} \quad R = R^I$$

约束（4.3）~约束（4.16）

约束（4.17）保证了最优鲁棒性目标值 f_2。问题 P_{R^N} 通过添加保证最优专用道设置负面影响 f_1 目标值约束（4.18）获得

$$P_{R^N}: -R^N = \min -R$$

$$\text{s.t.} \sum_{(i,j) \in A} C_{ij} z_{ij} = C^I \tag{4.18}$$

约束（4.3）~约束（4.16）

根据定义 4.1，以下推论成立。

推论 4.1：(C^I, R^N) 和 (C^N, R^I) 是 RLRP 的两个非支配点。

在本章中，为加速算法的求解，R^I 通过开发快速的多项式算法获得，而非求解一个整数规划模型 P_{R^I}。令 $\text{dis}(o_k, d_k)$，$k \in K$，表示交通网络中所有弧都设有专用道后从 o_k 至 d_k 最短路径行驶时间。图 4.1 所示算法旨在快速计算最好的专用道鲁棒性值，其算法复杂度为 $O(|N|^2)$（Dijkstra，1959）。通过对 20 个具有 100 个节点和 30 个任务随机生成算例的初步测试，使用图 4.1 中算法的平均计算时间仅为应用优化软件 CPLEX 的 0.07%。以下推论可得。

推论 4.2：问题 P_{R^I} 的 R^I 值等于 $\min_{k \in K} \{T_k - \text{dis}(o_k, d_k)\}$。

步骤 1：将交通网络每个路段均设置专用道构建全设专用道网络，即对于每个路段 (i, j) 将 τ_{ij} 替换 τ'_{ij}；

步骤 2：应用 Dijkstra 最短路径算法找出从 o_k 至 d_k 的最短路径并计算其最短路径时间 $\text{dis}(o_k, d_k)$；

步骤 3：计算 R^I 为 $\min_{k \in K} \{T_k - \text{dis}(o_k, d_k)\}$。

图 4.1 最优专用道鲁棒性值计算

---

2. 定义最小单位值

如前所述，如果可以确定混合整数规划问题的最小单位值，则可以应用所提出的增强 ε-约束法来获得问题的 Pareto 前沿。通过研究 RLRP 模型 P'_r 发现，其最小单位值可以确定。根据定义 4.2，P'_r 的最小单位值是 f_2 的最小单位值。根据定义 4.1，目标函数 f_2 还具有以下等效形式：$f_2 = \max$

$\min_{k \in K}\{S_k\} = \max \min_{k \in K}\{T_k - \sum_{(i,j) \in A}(\tau_{ij} x_{ij}^k + \tau'_{ij} y_{ij}^k)\}$。目标函数 f_2 是整数变量 x_{ij}^k、y_{ij}^k 和其系数 τ_{ij} 与 τ'_{ij} 的线性组合。基于上述分析，RLRP 的最小单位值是 τ_{ij} 与 τ'_{ij} 的最小单位值。因此，δ 设置为 τ_{ij} 与 τ'_{ij} 中最小的单位值，RLRP 的 Pareto 前沿可以应用本章所提出的增强 ε-约束法来获得。

3. 加强技术

精确 ε-约束法可能会产生支配解，造成冗余无效迭代。这些冗余无效迭代往往是非常耗时的，特别是针对大规模问题。通过算例测试，我们观察到支配解方案具有以下特征：连续迭代的最优解具有相同的总负面影响值（f_1）和不同的专用道鲁棒性（f_2）。为了减少算法产生支配解的数量，每次迭代后本章提出了以下加强技术减少冗余迭代数量，加速算法求解。

令向量（z^*，x^*，y^*）和（C^*，$-R^*$）分别表示求解问题 $P_C(\varepsilon)$ 获得的最优解和其对应的目标向量。值得指出的是，当 z^* 已知时，便获得了一个设置专用道的交通网络。加强技术的主要思想是在这样的已知专用道设置网络中，为任意一个任务 $k \in K$ 搜索一条最短路径，使自由度 S_k 和鲁棒性均最大化且减少冗余无效迭代的数量。

问题 $P_C(\varepsilon)$ 新的最优解（z^*，x'，y'）和对应的目标向量（C'，$-R'$）可以通过如图 4.2 所示的加强技术获得。

步骤 1：根据 $P_C(\varepsilon)$ 的最优专用道方案 z^* 在交通网络中设置专用道；
步骤 2：应用 Dijkstra 最短路径算法计算每个运输任务的最短旅行时间；
步骤 3：记录所有任务的运输路径，表示为（x'，y'）；
步骤 4：输出 $P_C(\varepsilon)$ 新的最优解（z^*，x'，y'）和对应的目标向量（C^*，$-R'$）。

图 4.2　加强技术

注意：对于两个解（z^*，x^*，y^*）和（z^*，x'，y'），由于两个解的变量 z_{ij}，$(i,j) \in A$ 的值相同，即 $C^* = C'$。此外，根据图 4.2 所示算法的步骤 2，可知 $R' \geq R^*$。如果 $R' > R^*$，则（z^*，x'，y'）支配（z^*，x^*，y^*）。4.4 节的计算结果表明加强技术能够有效地减少冗余无效迭代次数和算法计算时间。

4.3.2 分割求解算法

如前所述，在增强 ε-约束法中需要求解一系列 NP-难问题 $P_C(\varepsilon)$。问题 $P_C(\varepsilon)$ 的求解效率会严重影响算法的求解效率。为了更快地求解 RLRP，本章不直接应用优化软件如 CPLEX 求解问题 $P_C(\varepsilon)$，而是提出一种分割求解算法来求解。4.4 节中给出的数值结果表明：所提出的算法比优化软件 CPLEX 更有效，特别地，问题 P_{C^I} 和 P_{C^N} 可以分别被看作 ε 值取 $+\infty$ 和 $-R^I$ 的 ε-约束问题，因而这两个问题也可以通过所提出的分割求解算法求解。

1. 预处理技术

为了加速 $P_C(\varepsilon)$ 的求解，先进行预处理以减少问题搜索解空间。对于任意 $k \in K$，定义 A_k 如下：

$$A_k = \{(i,j) \mid l(o_k,i) + \tau_{ij} + l(j,d_k) > T_k, \forall (i,j) \in A\}, \forall k \in K \quad (4.19)$$

$$\Omega = \{(i,j) \mid \forall (i,j) \in A_k, \forall k \in K\} \quad (4.20)$$

其中，$l(o_k, i)$ 表示当交通网络中的所有弧都设置专用道时，从起始点 o_k 到节点 i 的最短路径时间；$l(j, d_k)$ 表示当交通网络中的所有弧都设置专用道时，从节点 j 到目的地点 d_k 的最短路径时间。不难发现，如果任务 k 经过 A_k 中的弧，则其运输时间必定超过给定的时间限制。因此，A_k 中的任何弧均不会被任务 k 使用。此外，集合 Ω 中的任何弧不会被任何路径经过。这样一来，可以将在 $P_C(\varepsilon)$ 的最优解中对应的决策变量取零，从而获得了以下等价且更紧凑的模型。

$$P_C'(\varepsilon): \min \sum_{(i,j) \in A} C_{ij} z_{ij}$$

$$\text{s.t. } x_{ij}^k + y_{ij}^k = 0, \forall k \in K, (i,j) \in A_k \quad (4.21)$$

$$z_{ij} = 0, \forall (i,j) \in \Omega \quad (4.22)$$

约束（4.3）~约束（4.16），约束（4.18）

显然，约束（4.21）和约束（4.22）可以减少 $P_C(\varepsilon)$ 的最优解搜寻空间，但未排除任何可行解。

2. 分割求解迭代

分割求解算法是一种用于组合优化问题的迭代搜索策略。简而言之，在

分割求解算法的第 n 次迭代（$n \geq 1$）产生切割面（PC_n），它将当前问题（CP_n）解空间划分为两个子空间。较小的解空间对应于一个 SP_n，而较大的部分对应于 RP_n。其中，CP_1 定义为原问题。SP_n 可以相对容易精确求解，如果存在最优解，则它提供原问题的一个上界。当上界改进时更新当前最好上界 UB_b 并切除 SP_n 的解空间。同时，因为 RP 解空间非常大，难以被精确求解，因此求解 RP_n 的线性松弛问题以获得其下界 LB_n。显然，如果 LB_n 大于或等于 UB_b，则对应于 UB_b 的解是原问题的一个最优解，算法终止。否则，CP_{n+1} 定义为 RP_n，进行新的迭代。更多算法细节，可以参看第 1 章。

PC_n 生成会影响分割求解算法的求解效率。SP_n 解空间应该足够小以便于易于求解。同时，SP_n 解空间也应该足够大，使得其至少包含原问题的一个可行解；否则，无法更新最好上界。Climer 和 Zhang（2006）、Fang 等（2012，2013）通过应用变量判别数或检验数信息确定 PC_n 并取得了良好效果。本章定义 PC_n 如下：

$$PC_n(n \leq 1): \sum_{z_{ij} \in \phi_n} z_{ij} \leq 1 \quad (4.23)$$

其中，集合 $\phi_n = \{z_{ij} | \psi(z_{ij}) > \alpha_n, \forall (i,j) \in A\}$；$\psi(z_{ij})$ 是获得的变量 z_{ij} 的判别数或检验数，它是通过求解 CP_n 的线性松弛问题获得；α_n 是一个给定的正值。

在第 n（$n \geq 1$）次迭代时，CP_{n+1} 被定义为 RP_n（CP_1 是原问题），SP_n 和 RP_n 分别定义为

$$SP_n: \min \sum_{(i,j) \in A} C_{ij} z_{ij}$$

$$\text{s.t.} \sum_{z_{ij} \in \phi_t} z_{ij} \leq 1, t = 1, 2, \cdots, n-1 \quad (4.24)$$

$$\sum_{z_{ij} \in \phi_n} z_{ij} = 0 \quad (4.25)$$

约束（4.3）~约束（4.16），约束（4.18），约束（4.21）~约束（4.22）

$$RP_n: \min \sum_{(i,j) \in A} C_{ij} z_{ij}$$

s.t. 约束（4.3）~约束（4.16），约束（4.18），约束（4.21）~约束（4.24）

3. 分割求解算法流程

本章提出了求解 $P_C(\varepsilon)$ 的分割求解算法，以及增强 ε-约束法和分割求解算法相结合算法，算法流程分别如图 4.3、图 4.4 所示。

步骤 1：初始化 $n=0$，当前最好上界 $UB_b=+\infty$；
步骤 2：原单目标问题 $P_C(\varepsilon)$ 经过预处理后获得新的问题 $P'_C(\varepsilon)$，令 $CP_1=P'_C(\varepsilon)$；
步骤 3：求解 CP_1 的线性松弛问题，获得其下界 LB_0 及对应的解，如果该解为整数解，那么即获得原问题的最优解，否则获取变量 z_{ij} 的检验数；
步骤 4：令 $n=n+1$，如果 $n>1$，则 $CP_n=RP_{n-1}$，定义集合 ϕ_n 和 PC_n；
步骤 5：将 CP_n 切割为两个子空间并定义对应问题 RP_n 和 SP_n；
步骤 6：精确求解 SP_n 并获得问题的最优目标函数值 UB_n，令 $UB_b=\min\{UB_n, UB_b\}$；
步骤 7：求解 RP_n 的线性松弛问题并获得最优目标值 LB_n，记录变量 z_{ij} 的检验数；
步骤 8：如果 $UB_b \leqslant LB_n$，返回步骤 4，否则继续；
步骤 9：输出 UB_b 和对应的最优解。

图 4.3　求解 $P_C(\varepsilon)$ 的分割求解算法

步骤 1：初始化输入：设置 δ 的值为 τ'_{ij} 和 τ_{ij} 最小单位值，$Y'_N=\varnothing$；
步骤 2：应用图 4.1 所示算法计算 $-R^I$；
步骤 3：应用图 4.3 所示分割求解算法求解问题 P_{C^I} 和 P_{C^N} 分别确定 C^I 和 C^N；应用 CPLEX 求解 P_{R^N}，确定 $-R^N$；
步骤 4：分别令 $Y'_N=\{(C^I, R^N)\}$，$j=2$ 和 $\varepsilon_j=-R^N-\delta$；
步骤 5：while ($\varepsilon_j \leqslant -R^I$) do；
步骤 6：应用图 4.3 所示分割求解算法求解问题 $P_C(\varepsilon_j)$，并获得其最优解 (z^*, x^*, y^*) 和对应的目标函数值向量 $(C^*, -R^*)$；
步骤 7：应用图 4.2 所示的加强技术输出 $P_C(\varepsilon_j)$ 新的最优解 (z^*, x', y') 和对应的目标向量 $(C^*, -R')$；
步骤 8：$Y'_N=Y'_N \cup (C^*, R')$；
步骤 9：令 $\varepsilon_j=-R'-\delta$，$j=j+1$；
步骤 10：end while；
步骤 11：从 Y'_N 剔除支配点（如果存在）获得问题精确 Pareto 前沿 Y_N。

图 4.4　增强 ε-约束法和分割求解算法相结合算法

4.4　算法验证

本章通过一个基于真实网络拓扑的基准算例和 44 组随机生成算例（44

组×5 个/组，共计 220 个算例）来评价所提出算法的性能。在算法实现上，本章采用 C++作为程序开发工具，并在 C++编程环境下调用 CPLEX（版本 12.4）用于解决 P_{R^N}，SP 和 RP 的线性松弛问题。CPLEX 在默认参数下运行。所有的计算实验都在 3.4GHz 主频和 8.0 GB RAM 的个人计算机下进行，操作系统为 Windows 7。

为简便起见，令算法 BLRP′表示为增强 ε-约束法不含加强技术且 $P_C(\varepsilon)$ 由 CPLEX 直接求解。令 $|N|$、$|K|$ 及 $|A|$ 分别表示节点、任务及弧的数量，$|F|$ 表示算例组中五个算例的 Pareto 前沿平均非支配点个数，CT_r 和 CT_r' 分别表示算法 RLRP 和算法 RLRP′求解 Pareto 前沿的平均计算时间，$|J|$ 和 $|J'|$ 分别表示由算法 RLRP 和 RLRP′求解 ε-约束问题平均数量。R_p 定义为 $(|J'|-|J|)/|F|\times 100\%$，表示所提出加强技术减少无效迭代的百分比。每个算例的计算时间限制为 18 000 秒。

4.4.1 基准算例

本章测试了一个基于真实网络拓扑的基准算例，其来自意大利拉文纳市的交通网络（Zhou et al., 2013）。该算例有 270 个弧、105 个节点和 12 个运输任务，即 12 个 OD（Zhou et al., 2013）。网络节点、弧、OD 任务对及所有相关参数根据 Zhou 等（2013）的研究生成。该算例的计算结果如表 4.1 所示。

表 4.1 基准算例的计算结果

$|A|$	$|N|$	$|K|$	$|F|$	$|J|$	R_p	CT_r/秒	CT_r'/秒	CT_r/CT_r'
270	105	12	18	18	33.33%	59.54	80.01	74%

从表 4.1 可以看出，所提出算法可以在 59.54 秒内找到研究问题的所有非支配点，所耗费的时间为算法 BLRP′的 74%。此外，所提出算法解决 ε-约束问题的个数等于 Pareto 前沿的非支配点数量，即 18。针对该算例，所提出算法在其每次迭代中均获得了非支配点。R_p 为 33.33%，这意味着与算法 BLRP′相比，增强 ε-约束法可以减少 33.33%的冗余迭代，该结果表明所提出的加强技术是有效的。

基准算例 Pareto 前沿面如图 4.5 所示，其中纵坐标和横坐标分别表示 f_1

（影响）和 f_2（鲁棒性）的目标函数值。决策者可以从 Pareto 前沿中选择一个首选解决方案。例如，如果决策者偏好具有最低影响的专用道设置方案，则可以从 Pareto 前沿中选择第一个点，但如果不确定因素导致任务路径上的行驶时间略微增加（0.1 个单位时间），则所选择的解决方案将变得不可行；相反，如果决策者喜欢最鲁棒的解决方案，可以选择 Pareto 前沿的最后一个点，这意味着即使不确定因素导致任何任务路径的行程时间增加 15.62 个单位时间，所选择的解决方案将仍然可行，但会产生较大的负面影响。实际上，决策者通常应用一些方法来选择最终的解决方案，如 Zhou 等（2013）基于模糊逻辑的方法，通常所选择的方案与最后一个点相比具有更低的负面影响，与第一个点相比具有更大的鲁棒性，该方案不仅具有较小的负面影响，还具有较大的鲁棒性。

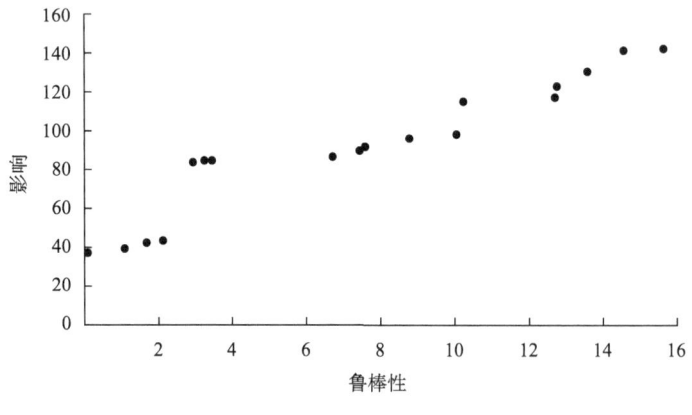

图 4.5　基准算例 Pareto 前沿面

4.4.2　随机算例

为了进一步评估所提出算法的性能，本节进行了随机生成算例测试。随机算例通过以下方式生成：交通网络图根据 Waxman（1988）的网络模型生成。所有网络节点随机分布在一个正方形区域中，弧（i, j）由一个概率函数确定。为了模拟实际交通网络，$|A|/|N|$ 的值落在区间[3，4]。OD 对是从网络中随机产生的。给定特殊任务的运输时限 T_k 在区间 $[l(o_k; d_k),$ $l'(o_k; d_k)]$ 中随机生成，其中 $l'(o_k; d_k)$ 和 $l(o_k; d_k)$ 分别表示路径上全部设置专用道和未设置专用道的最短运行时间。路段行驶时间和专用道设置影响参数估计如下。

1. 路段时间估计

为了更好地模拟实际交通情况，本章应用广泛使用的 BPR 函数，如 Branston（1976）近似估计路段行驶时间 τ_{ij}、τ'_{ij}、τ''_{ij}，其中 τ''_{ij} 表示当设置了专用道时普通车辆在弧 (i,j) 上非专用道上的行驶时间。

$$\tau_{ij} = t^0_{ij} \times \left(1 + \alpha \left(v^{\text{task}}_{ij}/c_{ij}\right)^\beta\right), \forall (i,j) \in A \quad (4.26)$$

$$\tau'_{ij} = t^0_{ij} \times \left(1 + \alpha \left(v^g_{ij}/m_{ij}c_{ij}\right)^\beta\right), \forall (i,j) \in A \quad (4.27)$$

$$\tau''_{ij} = t^0_{ij} \times \left(1 + \alpha \left((v^g_{ij} - v^{\text{task}}_{ij})/(m_{ij}-1)c_{ij}\right)^\beta\right), \forall (i,j) \in A \quad (4.28)$$

其中，t^0_{ij} 是弧 (i,j) 上的自由流旅行时间；v^g_{ij}、v^{task}_{ij} 和 c_{ij} 分别是在弧 (i,j) 上的一般交通情况下每单位时间的交通流量，每单位时间在弧 (i,j) 上的特殊任务车流量，以及弧 (i,j) 一个车道的容量；m_{ij} 是弧 (i,j) 上的车道数；$m_{ij}c_{ij}$ 和 $(m_{ij}-1)c_{ij}$ 分别是在弧 (i,j) 上未设置和设置专用道的交通容量；α 和 β 是两个系数。

与大多数现存研究（Che et al.，2015；Fang et al.，2012，2014，2015；Wu et al.，2013；吴鹏，2013；Wu et al.，2009；Zhou et al.，2013，2014）一样，实施专用道之前的路段行驶时间 τ'_{ij} 假设为已知，且取通常情况下的平均值。因此，BPR 函数（4.26）中的流量容量比例（v/c）考虑了通常情况下的均值，该数据可以通过历史数据或模拟结果获得。由于特殊任务的车流量与专用道的容量相比相对较低，所以估计 τ_{ij} 为自由流路段行驶时间（Mesbah et al.，2011a，2011b）。由于设置专用道后，剩余的 $m_{ij}-1$ 条车道将负担所有普通车辆行驶需求，故 τ''_{ij} 可以通过式（4.28）近似估计。

式（4.26）~式（4.28）中的参数设置如下：自由流动行驶速度设置为 70 千米/小时，t^0_{ij} 计算为节点 i 和 j 之间的距离除以自由流速度。c_{ij} 假定为 900 辆/小时（Mesbah et al.，2011a，2011b）。$v^g_{ij}/m_{ij}c_{ij}$ 在[0.5，1.2]中随机生成。整数 m_{ij} 在[2，4]中随机生成，$\alpha=0.15$ 和 $\beta=4$。

2. 专用道设置负面影响估计

在所有现有研究中，设置专用道的负面影响 C_{ij} 定义为专用道设置后临近车道普通车辆增加的时间，即交通延误。在本章中，负面影响定义为 $C_{ij} = P_{ij}$

($\tau''_{ij} - \tau'_{ij}$,),其中 P_{ij} 表示弧(i, j)上的普通出行者的数量。该公式估计了由设置专用道引起的所有普通出行者总增加时间。

参数 P_{ij} 假定已知,并且取通常情况下的平均值。一般情况下,车辆越多,出行者越多。因此,设置 P_{ij} 为 $b_{ij}v_{ij}^g$,其中整数 b_{ij} 定义为每个普通车辆上的平均出行者数量,本章在[1, 20]中随机生成。通常情况下,路段上存在多种异质普通车辆,它们具有不同的容量。具有较大能力的车辆通常包含更多乘客。例如,公交车辆通常包含 20 甚至更多乘客,而私家车很多时候仅一个人,因此,本章从区间[1, 20]中随机产生。在实际应用中,每单位时间的路段上普通出行者数量数据可以根据历史数据估计。

专用道设置导致相邻非专用道上增加的行驶时间计算为 $\tau''_{ij} - \tau'_{ij}$。据 Princeton 和 Cohens(2011)报道,将巴黎 A1 高速公路三条车道之一设置为专用道后,相邻车道的行驶时间增加了约 26%,这非常接近于由 $(\tau''_{ij} - \tau'_{ij})/\tau'_{ij}$ 计算得出的结果(27.63%)。这表明 $\tau''_{ij} - \tau'_{ij}$ 可以近似估计由于专用道设置普通车辆增加的时间。此外,所提出公式可以反映特殊交通情况下的影响程度。例如,如果一条双车道路段在接近饱和的情况下运行(假设 v/c 比率为 0.95),根据 $(\tau''_{ij} - \tau'_{ij})/\tau'_{ij}$,在实施专用道之后在剩余车道上的行驶时间百分比将增加 163.31%。也就是说,在该路段上设置专用道将造成交通瓶颈。事实上,如果在一些路段上设置专用道将产生瓶颈或具有较高的负面影响,然而因为所研究问题的一个目标是最小化专用道设置负面影响,则该路段通常不会被选择设置专用道。此外,本章进行了不同影响参数的敏感性分析实验以评估算法稳定性。需指出的是,第 2 章中的路段时间和影响参数也可以通过类似方式产生,但是数值实验结果发现,问题参数对算法的性能影响很小,所以本章仍采用文献中的方式产生相关参数。

3. 随机算例的计算结果

表 4.2 给出了三种不同负面影响情况下的计算结果。类型 1 中负面影响估计为 $P_{ij}(\tau''_{ij} - \tau'_{ij},)$。其他两种影响计算为 $R_r P_{ij}(\tau''_{ij} - \tau'_{ij},)$,$r=1$ 和 2,其中 R_1 和 R_2 分别从区间[0.5, 1]和[1, 1.5]随机生成。两个区间分别用于产生较小和更大的影响值。这三种类型算例下计算时间分别在 19.95 秒和 340.56 秒、23.73 秒和 418.72 秒,以及 20.97 秒和 377.68 秒之间。从图 4.6 可以看到,三种情景下 CT_r 的变化趋势几乎相同。此外,所提出算法耗费平均时间分别

为 144.29 秒、139.50 秒和 156.13 秒，它们也几乎是相同的。以上实验结果表明：针对影响参数的变化，所提出算法的性能是相对稳定的。

表 4.2 不同负面影响参数的对比实验结果

算例组	影响类型	$|A|$	$|N|$	$|K|$	CT_r/秒
1	类型 1	240	60	15	19.95
2	类型 1	240	60	20	48.28
3	类型 1	278	70	20	74.59
4	类型 1	278	70	25	119.74
5	类型 1	318	80	20	262.59
6	类型 1	318	80	25	340.56
平均					144.29
7	类型 2	240	60	15	23.73
8	类型 2	240	60	20	43.07
9	类型 2	278	70	20	87.08
10	类型 2	278	70	25	92.52
11	类型 2	318	80	20	171.89
12	类型 2	318	80	25	418.72
平均					139.50
13	类型 3	240	60	15	20.97
14	类型 3	240	60	15	40.17
15	类型 3	278	70	15	117.86
16	类型 3	278	70	15	137.92
17	类型 3	318	80	15	242.16
18	类型 3	318	80	15	377.68
平均					156.13

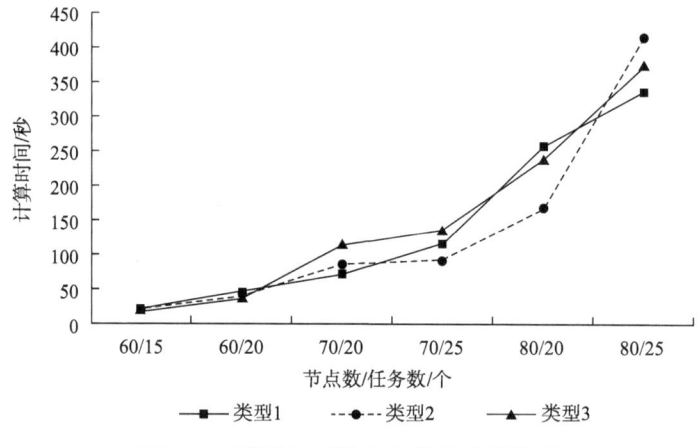

图 4.6 不同负面影响参数的计算结果

表 4.3 给出了$|K|=20$ 和$|N|=60$、65、70、75、80、85、90 算例对比实验结果。首先分析所提出加强技术的效果。从表 4.3 可以看出,增强ε-约束法求解的ε-约束问题的平均数小于 BLRP′求解问题的个数,R_p在 16.99%至 27.41%变化,平均值为 21.16%,这意味着与算法 BLRP′相比,增强ε-约束法避免了 21.16%的冗余迭代数量,这表明所提出的加强技术能有效减少支配解和求解的ε-约束问题个数。此外,可以观察到对于算例组 19~算例组 23 及算例组 25,$|J|$和$|F|$之间差值为零;对于算例组 24,$|J|$和$|F|$之间差值非常小。因此,所提出算法几乎每次迭代中都找到问题的 Pareto 最优解。对于每一组算例,CT_r均小于CT_r'。特别是,随着节点数目$|N|$的增大,CT_r'快速增加而CT_r增加相对平缓。CT_r的平均值为 227.70 秒,仅为CT_r'的 54%。这表明:与 CPLEX 相比,所提出的分割求解算法能更有效地求解$P_C(\varepsilon)$。

表 4.3 $|K|=20$ 和$|N|=60$、65、70、75、80、85、90 算例对比实验结果

算例组	$|A|$	$|N|$	$|F|$	$|J|$	R_p	CT_r/秒	CT_r'/秒	CT_r/CT_r'
19	236	60	11.2	11.2	19.64%	55.69	74.67	75%
20	252	65	14.4	14.4	23.61%	94.22	127.79	74%
21	274	70	17.2	17.2	18.60%	134.98	200.18	67%
22	296	75	19.8	19.8	24.24%	205.78	380.54	54%
23	314	80	23.8	23.8	17.65%	288.29	481.34	60%

续表

算例组	$|A|$	$|N|$	$|F|$	$|J|$	R_p	CT_r/秒	CT_r'/秒	CT_r/CT_r'
24	334	85	27.0	27.2	27.41%	369.75	753.29	49%
25	350	90	30.8	30.8	16.99%	445.16	921.50	48%
平均			20.6	20.63	21.16%	227.70	419.90	54%

表 4.4 显示了 $|N|=100$ 和 $|K|=5$、10、15、20、25、30、35、40、50 算例对比实验结果。从表 4.4 可以看出，R_p 的值在 10.19%至 18.06%变化，平均值为 15.12%。这表明当任务数量变化时，所提出的加强技术仍然有效。同样可以看出，$|J|$ 非常接近于 $|F|$。除了算例组 32 之外，其余算例组 $|J|$ 和 $|F|$ 差值均为零，$|F|/|J|$ 的平均值为 99.54%（30.42/30.56）。这表明在增强 ε-约束法的几乎每次迭代中都找了问题的 Pareto 最优解。另外，从表 4.4 和图 4.7 可以观察到，CT_r 和 CT_r' 均随任务数量 $|K|$ 增加而增加，但 CT_r 比 CT_r' 增加得更为缓慢。CT_r/CT_r' 从 25%变化到 74%，增强 ε-约束法所花费的平均计算时间仅为算法 BLRP′所花费时间的 35%。这表明增强 ε-约束法比算法 BLRP′ 在解决具有固定节点和变化 $|K|$ 的算例方面更加有效。以算例组 33 为例，增强 ε-约束法花费少于 900 秒得到问题精确的 Pareto 前沿，而算法 BLRP′花费超过 3 400 秒。此外，CT_r/CT_r' 的值随任务数量增加有下降趋势，这说明相较于算法 BLRP′，增强 ε-约束法求解具有更大 $|K|$ 的算例更有效。

表 4.4 $|N|=100$ 和 $|K|=5$、10、15、20、25、30、35、40、50 算例对比实验结果

算例组	$|A|$	$|K|$	$|F|$	$|J|$	R_p	CT_r/秒	CT_r'/秒	CT_r/CT_r'
26	398	5	21.6	21.6	10.19%	31.87	43.23	74%
27	406	10	22.0	22.0	14.55%	70.52	125.41	56%
28	404	15	25.0	25.0	17.60%	170.71	358.05	48%
29	398	20	31.0	31.0	18.06%	304.18	565.59	54%
30	396	25	34.6	34.6	16.18%	440.99	701.16	63%
31	390	30	35.0	35.0	14.29%	511.04	1 052.84	49%

续表

算例组	$|A|$	$|K|$	$|F|$	$|J|$	R_p	CT_r/秒	CT_r'/秒	CT_r/CT_r'
32	394	35	45.0	46.2	17.78%	819.39	2 066.75	40%
33	396	40	32.0	32.0	14.38%	863.08	3 410.29	25%
34	408	50	27.6	27.6	13.04%	1 221.77	4 371.91	28%
平均			30.42	30.56	15.12%	492.62	1 410.58	35%

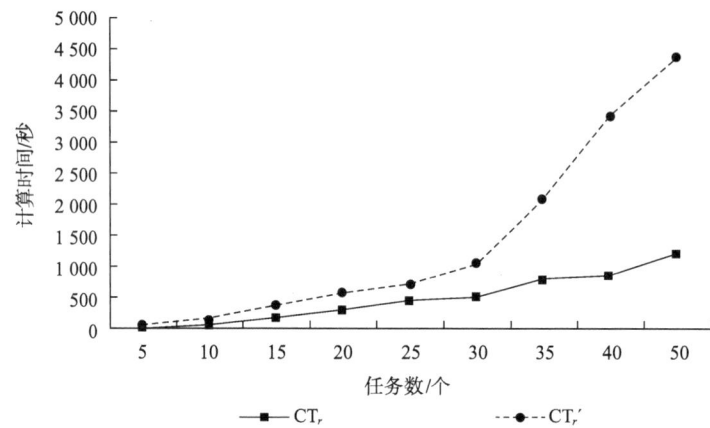

图 4.7 $|N|=100$ 和 $|K|=5、10、15、20、25、30、35、40、50$ 算例对比实验结果

表 4.5 给出了 $|N|=110 \sim 150$ 和 $|K|=20 \sim 50$ 算例对比实验结果。$CT_r'/|J'|$ 和 $CT_r/|J|$ 分别表示 CPLEX 和所提出分割求解算法求解每个 $P_C(\varepsilon)$ 的平均计算时间。从表 4.5 可以观察到，$|J|$ 和 $|F|$ 之间的差值非常小，平均 $|F|/|J|$ 为 99.82%（39.8/39.87），这表明增强 ε-约束法几乎可以在每次迭代中找到非支配解。与算法 BLRP′相比，增强 ε-约束法可以避免 8.57% 到 24.17% 和平均 14.63% 的冗余迭代。从表 4.5 和图 4.8 中可以看出，CT_r 和 CT_r' 值随着任务和节点的数量增加而增加；然而，CT_r' 的增加比 CT_r 快得多，CT_r/CT_r' 平均为 41%。这表明所提出算法求解具有变化的 $|N|$ 和 $|K|$ 的算例对算法 BLRP′更有效。此外，由于 $P_C(\varepsilon)$ 的 NP-难特性，从表 4.5 可以看出，$CT_r'/|J'|$ 和 $CT_r/|J|$ 都随着任务和节点的数量增加而增加，而前者比后者增加更快。这表明在解决 $P_C(\varepsilon)$ 时，所提出分割求解算法比 CPLEX 更有效。值得注意的是，算法 BLRP′不能在 18 000 秒内求解算例组 44 中的四个算例，而所提出的算法只花费了

9 538.81秒的平均计算时间获得了所有问题的Pareto前沿。

表 4.5 $|N|$=110、120、130、140、150 和$|K|$=20、25、30、35、40、45 算例对比实验结果

算例组	$|A|$	$|N|$	$|K|$	$|F|$	$|J|$	$|J'|$	R_p	CT_r/秒	CT'_r/秒	CT_r/CT'_r	$CT_r/|J|$	$CT'_r/|J'|$
35	416	110	20	35.0	35.0	38.0	8.57%	303.39	434.08	70%	8.67	11.42
36	422	110	25	37.2	37.2	42.4	13.98%	609.28	1 128.65	54%	16.38	26.62
37	468	120	25	42.4	42.4	48.0	13.21%	725.57	1 855.68	39%	17.11	38.66
38	470	120	30	38.0	38.0	44.6	17.37%	788.76	1 994.51	40%	20.76	44.72
39	512	130	30	36.8	36.8	42.0	14.13%	1 071.62	4 582.61	23%	29.12	109.11
40	510	130	35	40.0	40.0	46.8	17.00%	1 382.67	6 316.60	22%	34.57	134.97
41	554	140	40	43.0	43.0	48.2	12.09%	3 388.31	9 094.26	37%	78.80	188.68
42	556	140	45	42.2	42.4	52.6	24.17%	5 404.62	13 472.37	40%	127.47	256.13
43	596	150	45	43.6	44.0	49.0	11.17%	6 373.66	15 011.97	42%	144.86	306.37
平均				39.8	39.87	45.73	14.63%	2 227.54	5 987.86	41%	53.08	124.08
44	600	150	50	46	46.2			9 538.81		<53%	206.47	

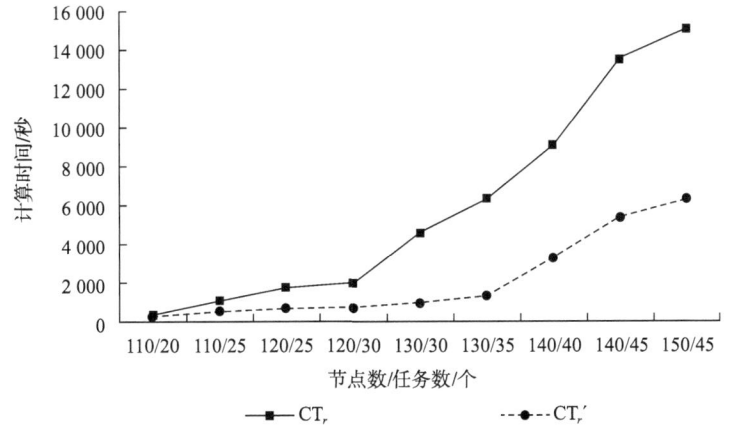

图 4.8 $|N|$=110、120、130、140、150 和$|K|$=20、25、30、35、40、45 算例对比实验结果

综上，本章研究了一个多目标 RLRP，其优化目标为同时最小化专用道设置总负面影响和最大化专用道方案鲁棒性。基准算例和随机生成算例的数值实验结果表明，所提出算法优于基于优化软件 CPLEX 的整数规划方法。此外，本章还扩展了现有求解双目标组合优化问题的精确 ε-约束法。研究结果表明：所提出的增强 ε-约束法能够获得所考虑双目标混合整数规划模型的 Pareto 前沿。

第5章 公交专用道设置优化模型与方法

5.1 引　　言

　　交通拥挤已经成为世界各城市面临的主要挑战之一。减轻城市交通拥堵最直接的手段是建设新道路以扩展道路容量，但是该方式受有限地理空间、高额建设成本、长建设周期等因素限制。大力发展公共交通已经被广泛接受为一种有效解决方式。公共汽车运输作为最古老的公共交通工具之一，具有高灵活性和低票价的优点（Khoo et al., 2014）。但是，近年来严重的城市交通拥堵，导致公共汽车低效运输效率而逐渐失去吸引力，特别是在早、晚高峰时期。在这种背景下，公交优先策略已经广泛用于改善和提升公共汽车运输服务水平。

　　公交专用道设置策略是重要的公交优先策略之一，旨在将城市交通网络中某些车道在某些时间段（如早、晚高峰）转换为公交专用道。该策略已经在现实生活中广泛采用，其主要目的是帮助实现更加快速公共汽车运输，以增强其吸引力。公交专用道的主要优点是使公交车免于陷入拥挤的交通环境，从而实现有效且可靠的公交运输（Surprenant-Legault and EI-Geneidy, 2011）。尽管公交专用道设置策略带来了很多潜在的好处，但是一旦实施，它们可能使普通车道上非公交车辆花费更多的时间，即公交专用道会产生负面的交通影响。Princeton 和 Cohens（2011）研究结果表明：在巴黎 A1 高速公路设置一条车道后，普通车辆平均运行时间增加了 26%。不适当的公交专用道设置可能使得已经拥挤的城市道路更加恶化，而不是改善它。因此，有必要进行合理的公交专用道设置以满足公交运输需求的同时尽可能减少设置公交专用道的负面影响。

如第 1 章所述，文献中已经有一些研究应用优化方法从交通网络层面上进行公交专用道设置优化。这些研究成果为决策者进行公交专用道设置优化提供了有价值的手段和工具。然而，现有研究还存在下面几方面不足：①仅测试一个算例评估所提出的算法；②所求解算例的规模局限于相对较小的交通网络；③由于非线性性质，所提出非线性规划模型难以求解大规模算例；④尚未有研究考虑优化公交专用道对非公交车辆运行的影响。此外，现有公交专用道设置优化研究文献（Khoo et al., 2014; Li et al., 2009; Mesbah et al., 2011a, 2011b; Sun et al., 2014; Yao et al., 2012）均假定公交运输路径预先确定，因而公交专用道设置仅能从已知的公交路径中选择。显然，上述研究提出的理论和方法不能直接应用于需要同时考虑公交运输路径设计的公交专用道设置优化问题。尽管保证公交车车站到达时间是用于评估公交运输系统性能最重要指标的之一，所有现有研究均没有考虑该问题。正如 Arasan 和 Vedagiri（2010a, 2010b）、Surprenant-Legault 和 EI-Geneidy（2011）所报道的，快速性和可靠性已被广泛认可为评估公交系统服务质量以及判断公交专用道乘客满意度的关键因素。设置和保证公交车到站时间将减少乘客的旅行时间且避免或显著地减少了过量的乘客等待时间，因此实现准时可靠的公交运输能极大提升公交系统的服务水平。此外，正如 Yao 等（2014）所指出的，当公共汽车站的到达时间不可靠或不能保证时，公共汽车乘客，特别是通勤者需要花费额外的时间准时到达他们的目的地。车辆准时到站可提升公共汽车运输的可靠性，使得这种乘客额外的出行时间可以避免或者减少。另外，对于公共汽车运营商，车辆准时到站不但有助于实现可靠的时刻表，而且公交线路总运行时间会随之减少，从而也降低了公交运营成本。

不同于现有研究，本章从最小化专用道设置负面影响和保证快速可靠公交运输角度研究了一个新的公交专用道设置优化问题，其旨在整个路段网络中，最优地选择路段设置公交专用道并设计每条线路的运输路径以保证快速可靠的公交运输服务。然而，在交通网络中设置公交专用道可能会对非公共汽车产生负面的交通影响。研究问题的目标是最小化专用道设置的总负面影响。与前面研究的专用道设置优化问题相比，公交专用道设置优化问题因通常公交线路数量多且每条线路包含多个站点等特性而更为复杂。公交路径设计的引入使得本章所研究的公交专用道设置优化问题变得更加难以求解，现有方法不能直接应用于解决本章所提出的新问题。在本章中，我们开发了改进分割求解算法以获得问题最优解，提出了新的切割面生成技术和加速策略提升了算法性能。为更有效地求解更大规模问题，本章还开发了一个基于核搜索的启发式算法以快速获得问题的最优或近似最优解，提出了改进技术进一步提升了算法的性能。

本章组织如下：在 5.2 节中，给出了详细的问题描述，并为所研究问题建了两个整数规划模型。在 5.3 节中，分别提出了改进分割求解算法和核搜索算法求解所研究问题。在 5.4 节中，大量随机测试实验结果对所提出的算法性能进行了验证评价，并进行总结。

5.2 问题建模

5.2.1 问题描述

BLRP 可以描述如下。令有向图 $G=(N, A)$ 表示一个城市路段网络，其中 N 和 A 分别表示道路交叉点或公交站点的节点集合和连接节点对的弧集合。令 l、L 和 N_l 分别表示第 l 条公交线路、公交线路集合及第 l 条公交线路上站点集合，$l \in L$，$N_l \subseteq N$。给定线路集合及每条线路对应的站点集合，BLRP 旨在路段网络中最优地选择路段设置公交车专用道和设计公交运输路径以实现快速和车站到达时间保证的公交运输。然而，公交专用道设置会减少公共汽车的行驶时间和实现可靠的公交运输，但是在普通车道上非公共汽车的行驶时间可能会增加，即公交专用道设置可能会引起负面的交通影响（即交通延误）。该问题的优化目标是最小化所有公交专用道产生的负面影响。

为了便于建立问题的数学模型，提出以下假设：①假定路段网络布局、每条公交线路上车站及车站已知；②在每个路段上存在至少两个车道，使得其中一条可以设置为公交专用道；③假设公交专用道的通行容量足够大，多个公交线路可以共享以增加其利用率。公交专用道设置的负面影响定义如下。

定义 5.1：在任意弧 $(i, j) \in A$ 上设置专用道的负面影响定义为由该专用道引起的在普通车道上所有非公交车出行者的行驶时间增加的总和，即

$P_{ij}(\tau''_{ij}-\tau'_{ij})$，其中 P_{ij} 和 τ''_{ij} 分别是非公交出行者数量和弧 $(i,j)\in A$ 上设置专用道后的行驶时间。

定理 5.1：BLRP 属于 NP-难问题。

证明：如果每条公交线路仅有起点和终点站（即只有两个车站），并且公交路径需要全部由专用道组成，则在该情况下的 BLRP 转化第 2 章中的专用道设置优化问题，后者已经被证明属于 NP-难问题。因此，BLRP 也属于 NP-难问题。

为了更好地表述所研究的 BLRP 以及其最优解，本节给出了以下小规模算例（例 1）进行说明。该算例含有 8 个节点和 24 弧，其包含两条公交线路，每条三个站点，如图 5.1 所示。每条弧的特征可由一个三元组（τ'，τ，C）表示，其中，τ、τ'、C 分别代表没有专用道公交车运行时间、专用道上的公交车行驶时间，以及设置专用道导致的交通延误。例如，对于弧（1，2），其三元组（8，4，10）意味着未设置专用道的公交车行驶时间，专用道上的公交车行驶时间，以及专用道产生的交通延误分别是 8、4 和 10 单位时间。

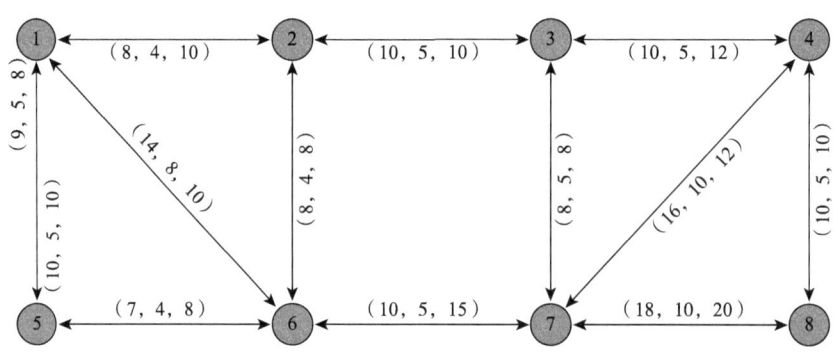

图 5.1 例 1 的路段网络图

公交线路 1 和公交线路 2 分别包含车站 1，6，4 和 5，3，8。公交线路 1 中车站 6 和车站 4 到达时间分别需保证小于或等于 10 和 32。公交线路 2 中车站 3 和车站 8 到达时间分别需保证小于或等于 19 和 33

通常情况下，公交线路两个连续站点之间通常通过最短路径运输以确保公交运输效率。因此，两条线路的运输路径为 1→6→7→4 和 5→6→7→3→4→8。在线路 1 上的公共汽车到达站点 6 和 4 的时间分别为 14 和 40；线路 2 公共汽车到达站点时间分别为 25 和 45。例 1 未设置公交专用道时的公交网络如图 5.2 所示。

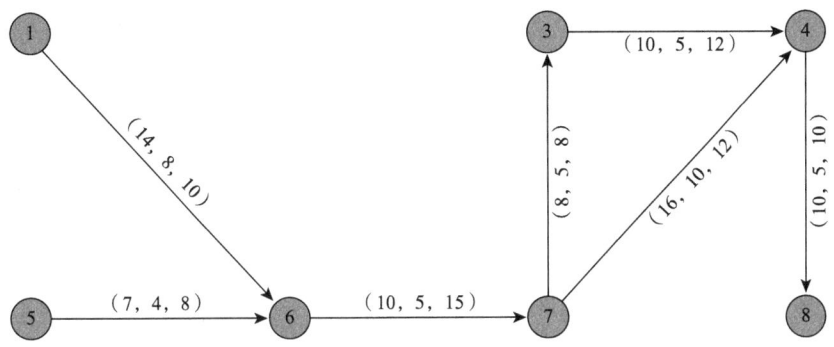

图 5.2 例 1 未设置公交专用道时的公交网络

公交线路 1 经过弧（1，6）和（7，4），而公交线路 2 经过弧（5，6）、（7，3）和（4，8）。上述两条公交线路均经过弧（6，7）。观察图 5.2 可以发现，以上运输并未保证所要求的公交车到达时间。本章旨在路段网络中最优地选择车道作为公交专用道，为每条公交线设计基于公交专用道的运输路径，以实现快速和车站到达时间保证的公交运输服务。

对于算例 1，该问题的解决方案包括：①最优的专用道设置方案为在弧（1，2）、（2，3）、（2，6）及（3，4）上设置公交专用道；②设计的公交线路 1 和公交线路 2 准时可靠运输路径分别是 1→2→6→7→3→4→5 和 1→2→3→4→8。设置公交专用道的最小负面影响为 40。在公交线路 1 中，车站 6 和车站 4 到达时间分别为 8 和 31，在公交线路 2 中，车站 3 和车站 8 到达时间分别为 18 和 33，两条线路均满足了所需的快速和车站到达时间保证的公交运输需求。此外，公交线路 1 和公交线路 2 中车站的平均到达时间分别减少了 32.68%和 27.14%。例 1 设置公交专用道时的公交网络如图 5.3 所示。注意，两条线路共享了公交专用道（1，2）和（3，4）。

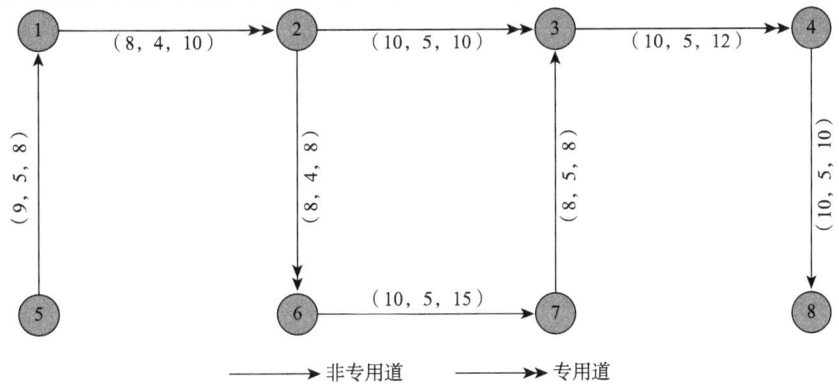

图 5.3 例 1 设置公交专用道时的公交网络

通过对比图 5.2 和图 5.3 可以观察到，未设置和设置公交专用道的公交运输网络是不同的。此外，最小化专用道设置负面影响的目标会促使公交线路共享公交专用道，其减少了专用道的负面影响和增加了利用率。

5.2.2 混合整数规划模型

本节通过定义时间变量建立了混合整数规划模型。为了建立问题的数学模型，给出以下输入参数和决策变量。

（1）集合与参数：

N：节点集合，$i \in N$；

A：弧的集合，$(i, j) \in A$，$i, j \in N$；

L：公交线路集合，$l \in L$；

N_l：第 l 条公交线路的站点集合，$l \in L$；

s_l：第 l 条公交线路起始站点，$l \in L$；

d_l：第 l 条公交线路终点站，$l \in L$；

τ_{ij}：在弧 $(i, j) \in A$ 的专用道上的运行时间；

τ'_{ij}：在弧 $(i, j) \in A$ 未设置专用道的运行时间；

T_0：公交车的出发时间；

C_{ij}：在弧 $(i, j) \in A$ 设置专用道对正常交通产生的负面影响；

$T^-_{i,l}$：第 l 条公交线路第 i 个车站到达时间下界；

$T^+_{i,l}$：第 l 条公交线路第 i 个车站到达时间上界。

（2）决策变量：

t^l_i：第 l 条线路上的公交车到达第 i 个节点的时间，如未经过该点则设置为 0。

z_{ij}：$z_{ij}=1$，若在弧 $(i, j) \in A$ 设置专用道；否则 $z_{ij}=0$。

x^l_{ij}：$x^l_{ij}=1$，如果第 l 条公交线路经过弧 $(i, j) \in A$，且该弧设置了公交专用道；否则 $x^l_{ij}=0$。

y^l_{ij}：$y^l_{ij}=1$，如果第 l 条公交线路经过弧 $(i, j) \in A$，但该弧未设置公交专用道；否则 $y^l_{ij}=0$。

基于以上定义的参数和决策变量，BLRP 可以建立为以下混合整数规划模型。

$$P_0: \min \sum_{(i,j) \in A} C_{ij} z_{ij} \tag{5.1}$$

$$\text{s.t.} \sum_{j:(i,j) \in A} \left(x_{ij}^l + y_{ij}^l \right) = 1, i \neq d_l, \forall i \in N_l, \forall l \in L \tag{5.2}$$

$$\sum_{i:(i,j) \in A} \left(x_{ij}^l + y_{ij}^l \right) = 1, i \neq s_l, \forall j \in N_l, \forall l \in L \tag{5.3}$$

$$\sum_{i:(i,j) \in A} \left(x_{ij}^l + y_{ij}^l \right) = \sum_{i:(j,i) \in A} \left(x_{ji}^l + y_{ji}^l \right), \forall j \in N \setminus N_l, \forall l \in L \tag{5.4}$$

$$t_{s_l}^l = T_0, \forall l \in L \tag{5.5}$$

$$t_i^l = \sum_{j:(j,i) \in A} \left(x_{ji}^l \left(t_j^l + \tau_{ji} \right) + y_{ji}^l \left(t_j^l + \tau_{ji}' \right) \right), \forall i \in N, i \neq s_l, \forall l \in L \tag{5.6}$$

$$T_{i,l}^- \leq t_i^l - t_{s_l}^l \leq T_{i,l}^+, \forall i \in N_l, i \neq s_l, \forall l \in L \tag{5.7}$$

$$x_{ij}^l \leq z_{ij}, \forall (i,j) \in A, \forall l \in L \tag{5.8}$$

$$y_{ij}^l + z_{ij} \leq 1, \forall (i,j) \in A, \forall l \in L \ \ t_i^l \geq 0, \forall i \in N, \forall l \in L \tag{5.9}$$

$$t_i^l \geq 0, \forall i \in N, \forall l \in L \tag{5.10}$$

$$x_{ij}^l, y_{ij}^l \in \{0,1\}, \forall (i,j) \in A, \forall l \in L \tag{5.11}$$

$$z_{ij} \in \{0,1\}, \forall (i,j) \in A \tag{5.12}$$

目标函数（5.1）是最小化设置公交专用道所造成的总负面交通影响。约束（5.2）~约束（5.4）保证了每条线路 $l \in L$ 具有一条可行的运输路径。更具体地说，约束（5.2）保证在任意公交线路 $l \in L$ 上除了终点站 d_l 外的所有站点均有一条出去的弧，而约束（5.3）保证在任意公交线路 $l \in L$ 上除了起始站点 s_l 外的所有站点均有一条进入的弧。约束（5.4）保证了中间节点的流平衡。约束（5.5）表示公交车在起始站点的出发时间。约束（5.6）表示在线路 $l \in L$ 上节点 i 的到达时间。约束（5.7）保证了线路 $l \in L$ 每个站点公交车的到达时间。约束（5.8）表示若弧（i,j）未设置专用道，则线路 $l \in L$ 的路径不能通过该弧上的专用道。约束（5.9）意味着 z_{ij} 和 y_{ij}^l 不能同时取值为 1，根据定义，如果 $y_{ij}^l=1$，则线路 $l \in L$ 通过弧（i,j），并且该弧未设置专用道，否则线路 l 可以通过专用道，因此 $z_{ij}=0$。约束（5.10）~约束（5.12）为决策变量约束。

1. 模型线性化

不难发现，由于存在非线性约束（5.6），上述模型 P_1 是非线性的。在本节中，将通过重新建模约束（5.6）将非线性模型 P_1 转换为等价的线性模型。对于任何节点 $i \in N$，$i \neq s_l$ 和 $l \in L$，存在两种情况来计算节点 i 处的到达时间，分别如下：①公交线路 l 的路径通过节点 i；②公交线路 l 的路径未通过节点 i。基于上述分析，约束（5.6）重新建模如下。

（1）公交线路 l 的路径通过节点 i。这种情况还包括两个子情况，即公交线路 l 经由非专用道或专用道经过节点 i。对于前一个子情况，约束（5.6）可以重新表示如下：

$$\sum_{j:(j,i) \in A} y_{ji}^l \left(t_i^l - t_j^l + \tau_{ji}' \right) = 0, \forall i \neq s_l, \forall l \in L \quad (5.13)$$

通过式（5.13）可以发现，式（5.13）中的 $y_{ji}^l \left(t_i^l - t_j^l - \tau_{ji}' \right)$ 均等于 0。因此，可以很容易地获得以下等式。

$$y_{ji}^l \left(t_i^l - t_j^l + \tau_{ji}' \right) = 0, \forall (j,i) \in A, \forall i \neq s_l, \forall l \in L \quad (5.14)$$

由约束（5.14）可以发现，如果 $y_{ji}^l = 1$，那么 $t_i^l - t_j^l - \tau_{ji}' = 0$；如果 $y_{ji}^l = 0$，约束（5.14）仍然满足。因此，可以使用以下两个不等式来表示约束（5.6）。

$$t_i^l - t_j^l + \tau_{ji}' \geq M \left(y_{ji}^l - 1 \right), \forall (j,i) \in A, \forall i \neq s_l, \forall l \in L \quad (5.15)$$

$$t_i^l - t_j^l + \tau_{ji}' \leq M \left(1 - y_{ji}^l \right), \forall (j,i) \in A, \forall i \neq s_l, \forall l \in L \quad (5.16)$$

类似地，对于后面的子情形，即公交线路 l 经由专用道经过节点 i，约束（5.6）可以使用以下两个不等式重新表达：

$$t_i^l - t_j^l + \tau_{ji} \geq M \left(x_{ji}^l - 1 \right), \forall (j,i) \in A, \forall i \neq s_l, \forall l \in L \quad (5.17)$$

$$t_i^l - t_j^l + \tau_{ji} \leq M \left(1 - x_{ji}^l \right), \forall (j,i) \in A, \forall i \neq s_l, \forall l \in L \quad (5.18)$$

（2）公交线路 l 的路径不经过节点 i。因此，$\sum_{j:(j,i) \in A} x_{ji}^l = 0$ 和 $\sum_{j:(j,i) \in A} y_{ji}^l = 0$。然后，约束（5.6）可以重新表示如下：

$$t_i^l \leq M \sum_{j:(j,i) \in A} \left(x_{ji}^l + y_{ji}^l \right), \forall i \in N, i \neq s_l, \forall (j,i) \in A, \forall l \in L \quad (5.19)$$

通过上面的分析，非线性约束（5.6）可以等效地由约束（5.15）~约束（5.19）代替。然后，可以将非线性模型 P_0 等价变换为以下的混合整数线性模型 P_1。

$$P_1: \min \sum_{(i,j) \in A} C_{ij} z_{ij}$$

s.t. 约束（5.2）~约束（5.5），约束（5.7）~约束（5.12），约束（5.15）~约束（5.19）

2. 混合整数规划模型性质分析

为了更有效地解决所考虑的问题，本节提出了预处理技术以减少其最优解的搜索空间，并且还提出了有效不等式以紧凑化模型 P_1。

（1）预处理技术。

如果交通网络中每个路段上的行驶时间已知，则可以通过具有复杂度 $O(|N|^3)$ 的 Floyd 最短路径算法容易地计算网络中任何两个节点之间的最短路径行驶时间。令 $\varphi(i,j)$ 表示当网络完全设置专用道时从节点 i 到 j 的最短行驶时间。然后，对于每条公交线路 $l \in L$，两个集合 $N_{s_m^l, s_{m+1}^l}$ 和 $A_{s_m^l, s_{m+1}^l}$ 定义如下。

$$N_{s_m^l, s_{m+1}^l} = \left\{ i \middle| \varphi(s_m^l, i) + \varphi(i, s_{m+1}^l) > T^+_{s_{m+1}^l, l} - T^-_{s_m^l, l}, \forall i \in N \right\},$$
$$\forall m \in \{1, 2, \cdots, |N_l| - 1\}, \forall l \in L \tag{5.20}$$

$$A_{s_m^l, s_{m+1}^l} = \left\{ (i,j) \middle| \varphi(s_m^l, i) + \tau_{ij} + \varphi(j, s_{m+1}^l) > T^+_{s_{m+1}^l, l} - T^-_{s_m^l, l}, \forall (i,j) \in A \right\},$$
$$\forall m \in \{1, 2, \cdots, |N_l| - 1\}, \forall l \in L \tag{5.21}$$

其中，s_m^l 和 s_{m+1}^l 表示公交线路 l 上的两个相邻停靠站点。注意，s_1^l 和 $s_{|N|}^l$ 分别等价于起始站点 s_l 和终点站 d_l。根据式（5.20）和式（5.21），可以获得两个新的集合，如下所示：

$$N_l = \left\{ i \middle| \bigcap_{m \in \{1,2,\cdots,|N_l|\}} N_{s_m^l, s_{m+1}^l} \right\}, \forall l \in L \tag{5.22}$$

$$A_l = \left\{ (i,j) \middle| \bigcap_{m \in \{1,2,\cdots,|N_l|\}} A_{s_m^l, s_{m+1}^l} \right\}, \forall l \in L \tag{5.23}$$

可以发现，N_l 中的节点将不会被公交线路 l 经过，这是因为如果经过它们，则将违反公交车站到达时间约束。类似地，A_l 中的弧也不会被公交线路 l 经过。基于上述分析，对应的变量则必须等于 0，即它们的值可以预先固定为 0。显然，以上预处理技术可以减少最优解的搜索空间。相应的约束表示如下：

$$t_i^l = 0, \forall i \in N_l, \forall l \in L \tag{5.24}$$

$$\sum_{(i,j) \in A} \left(x_{ij}^l + y_{ij}^l \right) = 0, \forall (i,j) \in A_l, \forall l \in L \tag{5.25}$$

（2）有效不等式。

对于每条线路 $l \in L$，如果它通过节点 $i \in N \setminus \{s_l\}$，则其最早和最晚到达时间分别为 $T_0 + \varphi(s_l, i)$ 和 $T_{d_l,l}^+ - \varphi(i, d_l)$，否则根据其定义可知 $t_i^l = 0$。因此，我们有以下两个有效不等式。

$$t_i^l \leqslant \left(T_{d_l,l}^+ - \varphi(i,d_l)\right) \sum_{j:(j,i)\in A} \left(x_{ji}^l + y_{ji}^l\right), \forall i \in N, i \neq s_l, \forall l \in L \quad (5.26)$$

$$t_i^l \geqslant \left(T_0 - \varphi(s_l,i)\right) \sum_{j:(j,i)\in A} \left(x_{ji}^l + y_{ji}^l\right), \forall i \in N, i \neq s_l, \forall l \in L \quad (5.27)$$

此外，本节还提出了以下三个有效不等式，即

$$\sum_{i:(i,j)\in A} \left(x_{ij}^l + y_{ij}^l\right) = 0, j = s_l, \forall l \in L \quad (5.28)$$

$$\sum_{j:(i,j)\in A} \left(x_{ij}^l + y_{ij}^l\right) = 0, i = d_l, \forall l \in L \quad (5.29)$$

$$\sum_{(i,j)\in A} \left(\tau_{ij} x_{ij}^l + \tau_{ij}' y_{ij}^l\right) \leqslant T_{d_l,l}^+ - T_0, \forall l \in L \quad (5.30)$$

其中，约束（5.28）和约束（5.29）分别表示对于起始站点 s_l 和相应的终点 d_l 不存在进入的弧和出去的弧。约束（5.30）表示到达时间公交线路 l 的终点站时间不应大于最大可能时间 $T_{d_l,l}^+ - T_0$。注意，约束（5.26）~约束（5.30）可以获得更紧凑的模型，减少问题最优解搜寻空间。至此，可以获得以下改进模型：

$$P_1' : \min \sum_{(i,j)\in A} C_{ij} z_{ij}$$

s.t. 约束（5.2）~约束（5.5），约束（5.7）~约束（5.12），约束（5.15）~约束（5.19），约束（5.26）~约束（5.30）

本章通过定义时间变量建立了混合整数非线性规划模型 P_0。虽然对模型线性化后建立了混合 ILP 模型 P_1，并通过模型性质分析得到了最终改进的模型 P_1'，然而数值实验发现该模型仍然仅能求解较小规模问题。因此，在 5.2.3 小节中，本章通过定义新的变量建立了一个更有效的整数规划模型。

5.2.3 整数规划模型

为了建立该模型，除在 5.2.2 小节定义的数学符号之外，还需定义以下参数和变量。

（1）集合与参数。

s_{lq}：公交线路上第 l 个车站，$s_{lq} \in N_l, l \in L, q \in \{1,2,\cdots,|N_l|\}$，$s_{l1}$ 和 $s_{l|N|}$ 分别表示起点和终点站。

（2）决策变量。

$x_{q_{ij}}^l$：$x_{q_{ij}}^l = 1$，若弧（i, j）上设置专用道且公交线路 $l \in L$ 上第 q 和 $q+1$ 个站点之间的路径经过该弧；否则 $x_{q_{ij}}^l = 0$。

$y_{q_{ij}}^l$：$y_{q_{ij}}^l = 1$，若弧（i, j）上未设置专用道且公交线路 $l \in L$ 上第 q 和 $q+1$ 个站点之间的路径经过该弧；否则 $y_{q_{ij}}^l = 0$。

公交专用道设置优化问题也可以建立为以下的 ILP 模型：

$$P_2: \min \sum_{(i,j) \in A} C_{ij} z_{ij} \tag{5.31}$$

$$\text{s.t.} \sum_{(i,j) \in A} \left(x_{q_{ij}}^l + y_{q_{ij}}^l \right) = 1, i = s_{lq}, \forall q \in \{1,2,\cdots,|N_l|-1\}, \forall l \in L \tag{5.32}$$

$$\sum_{(i,j) \in A} \left(x_{q_{ij}}^l + y_{q_{ij}}^l \right) = 1, j = s_{l,q+1}, \forall q \in \{1,2,\cdots,|N_l|-1\}, \forall l \in L \tag{5.33}$$

$$\sum_{(i,j) \in A} \left(x_{q_{ij}}^l + y_{q_{ij}}^l \right) = 0, j = s_{l,1}, \forall l \in L \tag{5.34}$$

$$\sum_{(i,j) \in A} \left(x_{q_{ij}}^l + y_{q_{ij}}^l \right) = 0, i = s_{l,|N_l|}, \forall l \in L \tag{5.35}$$

$$\sum_{(i,j) \in A} \left(x_{q_{ij}}^l + y_{q_{ij}}^l \right) = \sum_{(j,i) \in A} \left(x_{q_{ji}}^l + y_{q_{ji}}^l \right), \forall i \in N \setminus N_l, \forall l \in L \tag{5.36}$$

$$\sum_{q=1}^{|N_l|-1} \sum_{(i,j) \in A} \left(x_{q_{ij}}^l + y_{q_{ij}}^l \right) \leq 1, \forall j \in N, \forall l \in L \tag{5.37}$$

$$\sum_{q=1}^{|N_l|-1} \sum_{(j,i) \in A} \left(x_{q_{ji}}^l + y_{q_{ji}}^l \right) \leq 1, \forall j \in N, \forall l \in L \tag{5.38}$$

$$T_{q',l}^- \leq \sum_{q=1}^{q'-1} \sum_{(i,j) \in A} \left(\tau_{ij} x_{q_{ij}}^l + \tau_{ij}' y_{q_{ij}}^l \right) \leq T_{q',l}^+, \forall q' \in \{2,3,\cdots,|N_l|\}, \forall l \in L \tag{5.39}$$

$$x_{q_{ij}}^l \leq z_{ij}, \forall (i,j) \in A, \forall q \in \{1,2,\cdots,|N_l|-1\}, \forall l \in L \tag{5.40}$$

$$y_{q_{ij}}^l \leq 1 - z_{ij}, \forall (i,j) \in A, \forall q \in \{1,2,\cdots,|N_l|-1\}, \forall l \in L \tag{5.41}$$

$$z_{ij} \in \{0,1\}, \forall (i,j) \in A \tag{5.42}$$

$$x_{q_{ij}}^l, y_{q_{ij}}^l \in \{0,1\}, \forall (i,j) \in A, \forall q \in \{1,2,\cdots,|N_l|-1\}, \forall l \in L \tag{5.43}$$

目标函数（5.31）是最小化所有专用道的总负面影响。约束（5.32）~约束（5.38）保证了任意公交 $l \in L$ 存在一条可行路径。更进一步说，约束（5.32）保证在任意公交线路 $l \in L$ 上除了终点站 d_l 外的所有站点均有一条出去的弧。约束（5.33）保证了在任意公交线路 $l \in L$ 上除了起始站点 s_l 外的所有站点均有一条进入的弧。约束（5.34）和约束（5.35）分别保证了没有进入起始站点的弧和出终点站的弧。约束（5.36）保证了公交线路 $l \in L$ 的公交站之间中间节点的流平衡。约束（5.37）和约束（5.38）表示公交线路 $l \in L$ 的路径最多通过网络中的任何节点一次。与模型 P_0 定义到达时间变量 t_i^l 来表示公交车站到达时间不同，本节提出的模型通过累积持续时间约束来保证在每条公交线路上站点的到达时间，由约束（5.39）所示。约束（5.40）表示仅当 $(i,j) \in A$ 设置专用道时，公交线路从车站 s_{lq} 到 $s_{l,q+1}$ 的路径可以经过该弧的专用道。约束（5.41） z_{ij} 和 $y_{q_{ij}}^l$ 不能同时取值为 1，根据定义，如果 $y_{q_{ij}}^l = 1$，则线路 $l \in L$ 车站 s_{lq} 到 $s_{l,q+1}$ 的路径通过弧 (i,j)，并且该弧未设置专用道，否则线路 l 车站 s_{lq} 到 $s_{l,q+1}$ 的路径可以通过专用道，因此 $z_{ij}=0$。约束（5.42）~约束（5.43）为决策变量约束。

如果交通网络中的每个路段上的行驶时间是已知的，则从任意节点 i 到 j 的最短行驶时间可以通过现有的最短路径算法如 Floyd 最短路径算法地获得。令 $\varphi(i,j)$ 和 T_q^l 分别表示在交通网络中所有弧都设置了专用道时从节点 i 到 j 的最短行驶时间和在公交线路 l 上的站 s_q^l 的最早到达时间完全保留的网络中。然后，对于任意 $l \in L$，$q \in \{1,2,\cdots,|N_l|-1\}$，定义集合 A_q^l 如下。

$$A_q^l = \{(i,j) \mid T_q^l + \varphi(s_{lq},i) + \tau_{ij} + \varphi(j,s_{l,q+1}) > T_{q,l}^+, (i,j) \in A\},$$
$$\forall q \in \{1,2,\cdots,|N_l|-1\}, \forall l \in L \tag{5.44}$$

根据 A_q^l 的定义，可以很容易地发现，任意弧 $(i,j) \in A_q^l$ 不会位于公交线路站 l 的站点 s_{lq} 和 $s_{l,q+1}$，$l \in L$ 之间的路径上，因为将违反站点 $q+1$ 处的到达时间约束（5.39）。基于上述分析，对应的变量必等于 0，即这些变量的值可以被设置为 0，而不排除任何可行解。至此，一个更紧的整数线性模型 P_2' 定义如下。

$$P_2': \min \sum_{(i,j) \in A} C_{ij} z_{ij}$$

s.t. 约束（5.32）~约束（5.43）

$$x_{q_{ij}}^l + y_{q_{ij}}^l = 0, \forall (i,j) \in A_q^l, \forall q \in \{1,2,\cdots,|N_l|-1\}, \forall l \in L \tag{5.45}$$

约束（5.45）是一个有效不等式，它减少了问题最优解搜索空间。

5.3 改进分割求解算法

在本节中,为了有效地解决 BLRP,首先提出一种改进分割求解算法,其次针对大规模问题开发了基于核搜索的启发式算法。

5.3.1 改进分割求解算法核心思想

为了精确地求解 BLRP,本节提出一种增强的分割求解最优算法。分割求解算法是一种特殊的分支定界迭代搜索策略,它由 Climer 和 Zhang(2006)引入,以精确地解决经典的旅行商问题。本节首先对分割求解算法提出了几个改进策略,其次将改进分割求解算法应用于求解 BLRP。

如 Climer 和 Zhang(2006)所指出的,应用分割求解算法来求解一个整数规划模型,切割面的合理生成起关键作用,这是因为它在每次迭代中驱动算法的分支。Climer 和 Zhang(2006)提出了一个通用的切割面生成方法,其核心思想是首先解决相应的线性松弛问题,其次根据变量的检验数来设计算法的切割面。更确切地说,Climer 和 Zhang(2006)旨在定义一个变量集合,由 U_n 表示,其包含最优解中具有大概率取 0 值的变量,可以根据变量的检验数进行选择。然后,将当前问题 CP_n 划分为 SP_n(通过添加在 U_n 中的变量求和为零约束形成的)和 RP_n(通过添加在 U_n 中的变量求和大于或等于 1 约束形成的)。这个想法随后被 Fang 等(2012)采用借鉴。为阐述方便,将具有上述通用切割面生成技术的分割求解迭代称为基本分割求解算法。为了进一步提高其性能,本章通过考虑以下改进策略提出增强的分割求解算法。

增强切割面生成技术:仅使用决策变量的检验数来定义切割面可能导致较低求解效率。因此,本章提出通过额外考虑影响目标函数值的参数来定义切割面。通过检验数和相关参数选择的变量具有更大概率在问题最优解中取 0 值。

加速 SP_n 求解:在基本分割求解算法中,每个 SP 都需要完全求解。虽然 SP 相对容易解决,但是一系列 SP 的求解可能是相当耗时的,特别是对于大规模问题。为了节约计算时间，对于 $n \geq 2$，本章提出将当前最好上界 UB^b 设置为 SP_n 目标函数的上界。实际上，我们也只需关注比 UB^b 更好的上界。

5.3.2 改进分割求解算法设计

BLRP 包含多组二进制决策变量 z_{ij}、$x_{q_{ij}}^l$ 和 $y_{q_{ij}}^l$，选择哪些变量形成 U_n 用于设计分割求解算法十分重要。在 BLRP 中，可以通过约束（5.40）和约束（5.41）发现，z_{ij} 的值会直接影响 $x_{q_{ij}}^l$ 和 $y_{q_{ij}}^l$ 的值。例如，如果 $z_{ij}=0$，则 $x_{qij}^l=0$；如果 $z_{ij}=1$，则 $y_{qij}^l=0$。此外，目标函数值仅与 z_{ij} 相关。由于上述观察，本章只通过 z_{ij} 用于定义集合 U_n。此外，在定义 U_n 中考虑直接影响目标函数值的影响参数 C_{ij}。它被定义为

$$U_n = \{z_{ij} \mid C_{ij} \hat{z}_{ij} > \alpha_n\}, \forall (i,j) \in A \tag{5.46}$$

其中，α_n 是一个给定的正值；$\hat{z}_{ij}$ 是通过求解相应的线性弛豫问题而获得变量 z_{ij} 的检验数。参数 α_n 由 $C_{ij}\hat{z}_{ij}$ 的分布决定。基于前期测试，在本章将 α_n 设置为 $C_{ij}\hat{z}_{ij}$ 中间值。该想法是选择具有大 $C_{ij}\hat{z}_{ij}$ 的变量 z_{ij} 以构建集合 U_n，因为它们在 BLRP 的最优解中具有更大的概率取值为 0。

$$U_n' = \{z_{ij} \mid C_{ij}\hat{z}_{ij} > \alpha_n, z_{ij} \in U_{n-1}'\}, \forall (i,j) \in A \tag{5.47}$$

对于 $n=1$，$U_1' = U_1$。通过 U_n' 定义求解 BLRP 的切割面 PC_n 如下。

$$(PC_n'): \sum_{z_{ij} \in U_n'} z_{ij} \geq 1 \tag{5.48}$$

应用 PC_n，根据分割求解算法的原理，在第 n（$n \geq 1$）次迭代时，CP_n（CP_1 被定义为原问题）被分成 SP_n 和 RP_n，可以分别定义为

$$SP_n : \min \sum_{(i,j) \in A} C_{ij} z_{ij}$$

s.t. 约束（5.32）~约束（5.43），约束（5.45）

$$\sum_{z_{ij} \in U_t'} z_{ij} \geq 1, t = 1, 2, \cdots, n-1 \tag{5.49}$$

$$\sum_{z_{ij} \in U_n'} z_{ij} = 0 \tag{5.50}$$

$$RP_n : \min \sum_{(i,j) \in A} C_{ij} z_{ij}$$

s.t. 约束（5.32）~约束（5.43），约束（5.45）

$$\sum_{z_{ij} \in U_t'} z_{ij} \geq 1, t = 1, 2, \cdots, n \tag{5.51}$$

注意，SP_n 解空间相对较小，因为其变量的一部分变量通过约束（5.50）被固定为 0。为了加速 SP_n 和 RP_n 的求解，它们的约束数量通过以下定理减少。

定理 5.2：若对于 $n \geq 2$，$U_1' \supseteq U_2' \supseteq \cdots \supseteq U_n'$，则在 SP_n 的约束（5.49）和 RP_n 的约束（5.51）分别等价于以下约束（5.52）和约束（5.53）。

$$\sum_{z_{ij} \in U_{n-1}' \setminus U_n'} z_{ij} \geq 1 \tag{5.52}$$

$$\sum_{z_{ij} \in U_n'} z_{ij} \geq 1 \tag{5.53}$$

证明：定理 5.2 的正确性类似 Fang 等（2012）研究中定理 5.2 的证明过程。更多细节可参见 Fang 等（2012）的研究。

根据定理 5.2，对于 $n \geq 2$，SP_n 和 RP_n 分别减少为 SP_n' 和 RP_n'。

$$SP_n': \min \sum_{(i,j) \in A} C_{ij} z_{ij}$$

s.t. 约束（5.32）~约束（5.43），约束（5.45），约束（5.50），约束（5.52）

$$RP_n': \min \sum_{(i,j) \in A} C_{ij} z_{ij}$$

s.t. 约束（5.32）~约束（5.43），约束（5.45），约束（5.53）

可以看出，与 SP_n 的约束（5.49）中的 $n-1$ 不等式相比，约束（5.52）减少了 $n-2$ 个不等式，并且 RP_n 中约束（5.51）的 $n-1$ 不等式被完全去除。此外，根据在改进分割求解算法中提出的改进策略，当前最好上界 UB_b 设置为 SP_n' 的上界，其表示如下。

$$\sum_{(i,j) \in A} C_{ij} z_{ij} < UB_b \tag{5.54}$$

然后，对于 $n \geq 2$，SP_n' 被定义为以下 SP_n''。

$$SP_n'': \min \sum_{(i,j) \in A} C_{ij} z_{ij}$$

s.t. 约束（5.32）~约束（5.43），约束（5.45），约束（5.50），约束（5.52），
约束（5.54）

SP_1'' 和 RP_1' 仍然分别定义为 SP_1 和 RP_1。大量的前期实验表明，引入式（5.54）后改进分割求解算法显著加快。求解 BLRP 的改进分割求解算法如图 5.4 所示。

> 步骤1：初始化 $n=1$，当前最好上界 $UB_b = +\infty$，令当前问题 $CP_1 = P_2'$。
> 步骤2：求解 CP_1 的线性松弛问题，获得其下界 LB_0 及对应的解。如果该解为整数解，那么即获得原问题的最优解，否则获取变量 z_{ij} 的检验数 $\hat{z}_{ij}$。
> 步骤3：定义 U_n'、PC_n，构建问题 SP_n' 和 RP_n'。
> 步骤4：精确求解 SP_n' 并获得问题的最优目标函数值 UB_n，更新 $UB_b = \min\{UB_n, UB_b\}$。
> 步骤5：求解 RP_n' 的线性松弛问题并获得最优目标值 LB_n。
> 步骤6：若 $UB_b \leq LB_n$ 输出 UB_b 和对应的最优解，算法结束。
> 步骤7：否则，令 $CP_{n+1} = RP_n'$，$n=n+1$，返回步骤3。

图 5.4 求解 BLRP 的改进分割求解算法

5.4 核搜索启发式算法

为了在合理的时间内求解大规模 BLRP，本节提出一种基于核搜索的启发式算法。核搜索算法是最近由 Angelelli 等（2010）引入的用于求解多维背包问题的迭代启发式算法。其核心思想是构造变量子集，并且精确地求解一系列限定于子集变量的限制子问题。其良好的求解经典组合优化问题效果促使本章应用核搜索的算法框架来解决所研究的 BLRP。接下来，本章设计了改进核搜索算法以求解 BLRP。

核搜索算法的一个核心部分是构造适当的核和桶。在文献中，核和桶通常由所有变量集组成。然而，对于具有多组变量的复杂模型，考虑所有变量集合设计的核搜索算法会由于过度迭代和大规模的限制子问题变得十分耗时。

BLRP 包括三组二进制变量，但是变量 z_{ij} 的取值会极大地影响了变量 x_{qij}^l 和 y_{qij}^l 的取值。此外，问题的目标函数仅与 z_{ij} 有关。考虑问题以上特征，本章仅使用变量 z_{ij} 来构建核和桶，而不是在现有核搜索算法中采用所有变量集合，这意味着如果弧 (i,j) 很可能在最优解中取正值，则 z_{ij} 被认为是 BLRP 的期望变量。

令 ILP(z,x,y) 和 LP(z,x,y) 分别表示原问题及其线性松弛问题，然后提出的求解 BLRP 的核搜索算法详细过程描述如下。

在核搜索算法的第一次迭代中，LP(z, x, y)被精确地求解。如果其最优解是整数，则它同时也是 ILP(z, x, y)的最优解，算法终止。否则，由初始核 $K_1(z)$ 和 $\{B_l(z)\}$ 表示的初始核和桶 $l = 1, 2, \cdots, m$ 分别由以下准则构建。

变量排序准则：对于 LP(z, x, y) 的最优解中的变量 $z_{ij} > 0$，它们以其值的非递增顺序被首先排序，并且变量 $z_{ij} = 0$ 其次以 $C_{ij}\hat{z}_{ij}$ 的值非递减顺序排序，不同于文献中通常仅采用检验数。这种排序目的在于使变量 z_{ij} 最可能在 ILP(z, x, y) 的最优解中取值为 1 放在前面位置，在后面位置放置具有最小概率取正值的变量。

核初始化：初始核 $K_1(z)$ 包含上述排序列表中的前 C 个变量，C 是 LP(z, x, y) 最优解中 $z_{ij} > 0$ 变量数目。

桶构建：Angelelli 等（2010）已经提出了重叠和不相交的桶构建策略。本章将剩余的变量被划分为 $m: \left\lceil \dfrac{|A|-C}{L} \right\rceil$ 个不相交的子集，其中第前个 $m-1$ 个桶具有相同的长度 L，最后一个可以具有较 L 小的数，$|A|$ 是变量的数量 z_{ij}，即网络中弧的数量总数。L 的值设置为等于 C。

第一个限制子问题，定义为 ILP$(K_1(z))$（简称 ILP$_1$）可以定义如下。

$$\text{ILP}_1 : \min \sum_{(i,j) \in A} C_{ij} z_{ij}$$

s.t. 约束（5.32）~约束（5.43），约束（5.45）

$$z_{ij} = 0, \forall z_{ij} \notin K_1(z) \tag{5.55}$$

其中，约束（5.55）通过将 $z_{ij} \notin K_1(z)$ 定义为 0 来将 ILP(z, x, y) 限制到变量集合 $K_1(z)$。ILP$_1$ 的最优解（如果存在）提供 ILP(z, x, y) 的一个上界。通过核搜索算法获得的当前最好上界（由 U_b 表示）设置为 ILP$_1$ 的最优目标值。

在第 l 次迭代，其中 $2 \leq l \leq m+1$，求解的限制子问题 ILP$(K_{l-1}(z) \cup B_{l-1}(z))$（简称 ILP$_l$）构建如下：

$$\text{ILP}_l : \min \sum_{(i,j) \in A} C_{ij} z_{ij}$$

s.t. 约束（5.32）~约束（5.43），约束（5.45）

$$z_{ij} = 0, \forall z_{ij} \notin K_{l-1}(z) \cup B_{l-1}(z) \tag{5.56}$$

$$\sum_{(i,j) \in A} C_{ij} z_{ij} \leq U_b \tag{5.57}$$

$$\sum_{z_{ij} \in B_{l-1}} z_{ij} \geqslant 1 \quad (5.58)$$

其中，约束（5.56）旨在将 ILP(z, x, y) 限制至变量集合 ILP$\left(K_{l-1}(z) \cup B_{l-1}(z)\right)$。另外两个添加的约束（5.57）和约束（5.58）用于减少计算时间，其目的是保证获得上界不比当前最好上界差，并且至少一个 $B_{l-1}(z)$ 中的变量在最优解中被选择。此外，在第二次迭代中，用于 ILP$_2$ 的核是初始内核 $K_1(z)$，而对于第 $l (l \leqslant 3)$ 次迭代，核 K_{l-1} 将被更新。此外，尽可能地分析所有桶以找到更好的解决方案，并且每个限制子问题被精确求解。

核更新：如果 ILP$\left(K_{l-1}(z) \cup B_{l-1}(z)\right)$ 不可行，则将下一次迭代的 $K_l(z)$ 设置为等于 $K_{l-1}(z)$，否则将 $K_l(z)$ 更新为 $K_{l-1}(z) \cup B_{l-1}^+(z) \setminus K_{l-1}^-(z)$，其中 $B_{l-1}^+(z)$ 由 $z_{ij} \in B_{l-1}(z)$ 在最优解中取值为 1 的变量组成和 $K_{l-1}^-(z) \subseteq K_{l-1}(z)$ 由 $z_{ij} \in K_{l-1}(z)$ 取 0 且在前 h 次迭代均取 0。参数 h 设置为 2。

通过大量数值测试实验发现，对于一些大规模算例，由于其较大的搜索空间，它们的限制子问题仍然不容易求解。通过分析实验结果发现，在 ILP(z, x, y) 的最优解中分别取值为 0 和 1，变量 z_{ij} 大部分也在 ILP(z, x, y) 的最优解分别取 0 和 1。基于上述观察，设计以下变量固定策略以进一步提高所提出核搜索算法的性能。

求解 ILP(z, x, y) 后，其对应的最优解的变量 z_{ij} 可以被分割成三个子集：$Z(0)$、$Z(1)$ 和 $Z(0-1)$，其中变量 z_{ij} 分别为 $z_{ij} = 0$、$z_{ij} = 1$，$0 < z_{ij} < 1$。随后，从 $Z(0)$ 和 $Z(1)$ 分别中选择具有较大概率在最优解中取相同值的一部分变量预先固定为 0 和 1。固定变量集分别定义为以下 $Z^f(0)$ 和 $Z^f(1)$。

$$Z^f(0) = \{z_{ij} \mid C_{ij} \hat{z}_{ij} > \lambda_0, \forall z_{ij} \in Z(0)\} \quad (5.59)$$

$$Z^f(1) = \{z_{ij} \mid \hat{w}_{ij} (\tau'_{ij} - \tau_{ij}) / C_{ij} > \lambda_1, \forall z_{ij} \in Z(1)\} \quad (5.60)$$

其中，λ_0 和 λ_1 是两个给定的参数。

基于以上改进策略，新的限制子问题 ILP$'_1$ 和 ILP$'_l$（$2 \leqslant l \leqslant m+1$）定义如下。

$$\text{ILP}'_1 : \min \sum_{(i,j) \in A} C_{ij} z_{ij}$$

s.t. 约束（5.32）~约束（5.43），约束（5.45），约束（5.55）

$$z_{ij} = 0, \forall z_{ij} \in Z^f(0) \quad (5.61)$$

$$z_{ij} = 1, \forall z_{ij} \in Z^f(1) \tag{5.62}$$

$$\text{ILP}'_l : \min \sum_{(i,j) \in A} C_{ij} z_{ij}$$

s.t. 约束（5.32）~约束（5.43），约束（5.45），约束（5.56）~约束（5.58），约束（5.61），约束（5.62）

注意，当任何 ILP'_l 可行时，更新 U_b。图 5.5 中概述了求解 BLRP 的核搜索算法。

步骤 1：初始化 $l=1$，当前最好上界 $\text{UB}_b = +\infty$。

步骤 2：求解 LP（z, x, y）。如果该解为整数解，即获得原问题的最优解，输出最优解和对应的目标函数值，算法停止；否则，获取变量 z_{ij} 的值和其对应的检验数。

步骤 3：根据式（5.59）和式（5.60）定义 $Z^f(0)$ 与 $Z^f(1)$，通过变量排序准则构建对变量 z_{ij} 进行排序。

步骤 4：分别通过核初始化和桶构建 $K_1(z)$ 和 $\{B_l(z)\}$，$l=1,2,\cdots,m$，令 $n=m$。

步骤 5：求解 ILP'_l，若其存在可行解，更新 U_b 为其最优目标函数值，$l=l+1$。

步骤 6：while（$l \leq n+1$）do。

步骤 7：构建 $(K_{l-1}(z) \cup B_{l-1}(z))$。

步骤 8：求解 ILP'_l，若其存在可行解，更新 U_b 为其最优目标函数值。

步骤 9：通过核更新策略为 ILP'_{l+1} 定义核 $K_l(z)$。

步骤 10：令 $l=l+1$。

步骤 11：end while。

步骤 12：输出 U_b 和其对应的最满意解。

图 5.5　求解 BLRP 的核搜索算法

5.5　模型与算法验证

本节给出并讨论了数值实验结果，评价所提出的模型和算法的性能。在算法实现上，采用 C++ 作为程序开发工具，并在 C++ 编程环境下调用商品化优化软件包 CPLEX（版本 12.6）实现。通过初步测试实验结果，CPLEX 的参数设置如下。为节约算法计算时间，将移位算法设置为 LP 求解器（参数

RootAlg），动态搜索设置为 ILP 求解器。此外，伪成本（pseudo costs）（参数 Varsel）设置为分支策略，另外设置了适度地生成流覆盖（moderately generate flow cover）（参数 flow covers）和混合整数舍入切割（Parameter MIRCuts）（参数 MIRCuts）等参数，但是不执行探测（Probing）（参数 Probe）。其他参数均为默认设置。

本节通过 82 组随机生成算例对所提出的模型和算法性能进行验证与评价，每个算例组具有 5 个算例组成，即共测试了 410 个算例。由于所提出的精确的改进分割求解算法可以获得最优解，故仅对其计算效率方面进行评价。提出的改进分割求解算法的计算时间与优化软件 CPLEX 进行比较。所获得的解可能不是唯一的，因为对于同一算例可能存在多个最优解。

对于核搜索启发式算法，由于获得的解不是最优的，故对其计算时间和求解质量两方面进行评估。在文献中，为了评价启发式算法的求解质量，通过将其所获得的目标函数值与最优目标值进行比较来评估。因此，为了评估核搜索启发式算法，Gap 由公式 $(U_b - U^*)/U^*$ 计算，其中 U_b 和 U^* 分别是核搜索启发式算法和分割求解算法找到的目标函数值。对于计算时间的评估，将其与分割求解算法进行比较，这是因为对于大规模算例，它比 CPLEX 更快。注意，对每个算例，算法的计算时间均被设置为 18 000 秒。为简单起见，令 $CT_{P_1'}$、CT_{P_2} 和 $CT_{P_2'}$ 表示 CPLEX 求解模型 P_1'、P_2 和 P_2' 所花费的计算时间；CT_{CS} 和 CT_{KS} 表示增强的分割求解算法和改进核搜索启发式算法分别求解模型 P_2' 的计算时间。

如第 4 章一样，所测试算例的交通网络是基于 Waxman（1988）网络模型生成的。对于每条公交线路 k，其站点从集合 N 选择生成。路段行驶时间参数都使用 BPR 函数估计生成，它们分别被视为对应的平均估计值。专用道上的行驶时间设置为自由流情况下的行驶时间。车站到达时间设置为 $T_{i,l}^+ = \widehat{T}_i^l - r_i^l\left(\widehat{T}_i^l - T_i^l\right)$，其中 $\widehat{T}_i^l$ 和 T_i^l 分别表示第 i 个站点未设置专用道时和设置专用道时最早到达时间。将 $T_{i,l}^-$ 设置为 T_i^l。在默认情况下，r_i^l 设置为 0.2。

5.5.1 模型验证

表 5.1 给出了模型对比实验结果。可以看出，对于所有算例组 1~算例组

14，CT_{P_2} 比 $CT_{P_1'}$ 小得多，对于 $|N_l|=5$ 和 $|N_l|=7$ 前者的平均值仅分别为后者的 1.14% 和 0.49%。此外，CT_{P_2} 随问题规模增大而缓慢增加，而 $CT_{P_1'}$ 随着规模增大而快速增加。此外，对于 $|N_l|=5$，$CT_{P_2}/CT_{P_1'}$ 的变化范围为 0.48% 至 16.35%，而 $|N_l|=7$，$CT_{P_2}/CT_{P_1'}$ 的范围为 0.27% 至 9.60%。这意味着对于更大的 $|N_l|$，P_2 比 P_1' 更加有效。值得注意的是，P_1' 不能在 18 000 秒内获得算例组 14 的最优解，而求解 P_2 仅需要花费 48.10 秒。这些结果表明：所提出整数规划模型比所提出的混合整数规划模型更加有效，这可能是因为前者比后者更紧凑。因为所提出的模型 P_2 取得了更好的性能，所以接下来的算法验证中本章仅考虑模型 P_2。

表 5.1 模型对比实验结果

算例组	$|N|$	$|A|$	$|L|$	$|N_l|$	$CT_{P_1'}$/秒	CT_{P_2}/秒	$CT_{P_2}/CT_{P_1'}$
1	40	128	5	5	20.24	3.31	16.35%
2	45	152	5	5	27.75	4.34	15.64%
3	50	174	6	5	45.96	4.85	10.55%
4	55	192	6	5	65.20	7.41	11.37%
5	60	210	7	5	219.24	11.53	5.26%
6	65	226	7	5	1 149.21	11.91	1.04%
7	70	252	8	5	4 000.11	19.40	0.48%
平均					789.67	8.96	1.14%
8	40	128	5	7	34.90	3.35	9.60%
9	45	152	5	7	156.88	4.95	3.16%
10	50	174	6	7	261.72	7.39	2.82%
11	55	192	6	7	552.70	9.27	1.68%
12	60	210	7	7	813.53	16.18	1.99%
13	65	226	7	7	2 596.57	20.28	0.78%

续表

算例组	$|N|$	$|A|$	$|L|$	$|N_l|$	$CT_{P_1'}$/秒	CT_{P_2}/秒	$CT_{P_2}/CT_{P_1'}$
14	70	252	8	7		48.10	0.27%
平均					>3 200.33	15.65	0.49%

5.5.2　算法验证

表 5.2 给出了 $|N|$ 从 40 增加到 70，$|L|$ 从 5 增加到 8，$|N_l|$ 从 5 增加到 7 的小规模算例的计算结果。首先分析有效不等式（5.45）的性能。从表 5.2 可以看出，在所有算例组 15~算例组 28 上，$CT_{P_2'}$ 比 CT_{P_2} 小得多，这意味着有效不等式（5.45）能够有效减小 BLRP 最优解的搜索空间。$CT_{P_2'}$ 从 1.72 秒变化至 51.52 秒，CT_{CS} 从 2.24 秒变化到 39.15 秒，CT_{KS} 从 2.86 秒变化到 32.67 秒，这表明所有方法（即 CPLEX、分割求解算法和核搜索启发式算法）均能在相对较短的计算时间内求解小规模。可以看到，对于算例组 15~算例组 27，CPLEX 运行速度比所提出算法更快，这表明对于这些小规模算例，应用 CPLEX 求解更为有效。这可能是因为这些小规模算例的搜索空间相对较小，CPLEX 可以容易地解决它们，但是所提出的分割求解算法和核搜索算法都是通过求解一系列原问题的子问题获得问题的解。对于这些小规模算例，子问题和原问题之间的计算时间的差异可能非常小，这导致与直接使用 CPLEX 相比，它们花费了更多的计算时间。然而，可以观察到，对于 $|N_l|$=5 或 7，三种算法的计算时间随着 $|N|$ 和 $|L|$ 而增加，而提出的分割求解算法和核搜索算法增长趋势比 CPLEX 的增长趋势更缓慢。以算例组 22 和算例组 28 为例，CPLEX 的计算时间增加了约 22.1（51.52/2.23-1）倍，而提出的分割求解算法和核搜索算法的计算时间仅分别增加了约 11.0（39.15/3.26-1）和 6.6（32.67/4.32-1）倍。此外，对于给定的 $|N|$ 和 $|L|$，三种方法的计算时间随 $|N_l|$ 增加而增加。以算例组 21 和算例组 28 为例，对于 $|N_l|$=5，$CT_{P_2'}$、CT_{CS} 和 CT_{KS} 分别为 6.40 秒、8.31 秒和 9.14 秒，而对于 $|N_l|$=7，它们分别为 51.52 秒、39.15 秒和 32.67 秒。此外，Gap 从 0.02%变化到 0.86%，$|N_l|$=5 和 7 的平均 Gap 分别为 0.37%和 0.43%，这表明提出的核搜索启发式算法可以获得高质量的近似最优解。

表 5.2 $|N|$=40、45、50、55、60、65、70 算例的对比实验结果

算例组	$|N|$	$|A|$	$|L|$	$|N_I|$	CT_{P_2}/秒	$CT_{P_2'}$/秒	CT_{CS}/秒	CT_{KS}/秒	Gap
15	40	128	5	5	5.52	1.75	2.24	2.86	0.05%
16	45	152	5	5	5.95	1.72	2.48	3.38	0.31%
17	50	174	6	5	8.02	1.85	3.27	4.14	0.82%
18	55	192	6	5	9.91	2.14	2.92	7.14	0.07%
19	60	210	7	5	23.01	2.91	3.45	8.63	0.02%
20	65	226	7	5	36.69	5.64	5.24	7.71	0.73%
21	70	252	8	5	42.66	6.40	8.31	9.14	0.56%
平均					18.82	3.20	3.99	6.14	0.37%
22	40	128	5	7	7.64	2.23	3.26	4.32	0.24%
23	45	152	5	7	11.35	2.43	3.52	4.28	0.30%
24	50	174	6	7	27.50	5.44	7.06	10.25	0.15%
25	55	192	6	7	29.16	6.24	8.78	16.18	0.69%
26	60	210	7	7	51.26	7.22	9.10	23.63	0.86%
27	65	226	7	7	67.22	13.69	14.95	25.10	0.51%
28	70	252	8	7	289.51	51.52	39.15	32.67	0.25%
平均					69.09	12.68	12.26	16.63	0.43%

表 5.3 和图 5.6 给出了 $|N_I|$ 固定为 8 和 $|N|$ 和 $|L|$ 分别从 75 增加到 100 和 7 到 12 的中等规模算例的计算结果。从中可以看到：①对于所有算例组，$CT_{P_2'}$ 均小于 CT_{P_2}，这意味着有效不等式（5.45）能有效减少 BLRP 最优解搜索空间。②$CT_{P_2'}$ 和 CT_{CS} 分别从 155.86 增加至 2 273.00 秒和从 72.63 秒增加至 1 618.90 秒，其平均值分别为 674.08 秒和 500.61 秒。对于每组问题集，CT_{CS} 均小于 $CT_{P_2'}$，平均 $CT_{CS}/CT_{P_2'}$ 为 74.27%（500.61/674.08）。如图 5.6 所示，$CT_{P_2'}$

和 CT_{CS} 都随着问题规模增加而增加，但是后者比前者增加更为缓慢。以上结果表明：本章所提出的分割求解算法比 CPLEX 能更有效地获得问题的最优解。③CT_{KS} 从 47.70 秒增加至 441.56 秒，平均值为 182.20 秒。对于每一组问题，CT_{KS} 小于 $CT_{P_2'}$ 和 CT_{CS}，且所提出的核搜索算法分别仅耗费 CPLEX 和改进分割求解算法平均时间的 27.03%和 36.48%。此外，从图 5.6 可观察到，与 $CT_{P_2'}$ 和 CT_{CS} 相比，随着问题规模增大 CT_{KS} 增加更为平缓。这些结果表明：在计算时间方面，所提出的核搜索算法优于 CPLEX 和所提出的分割求解算法。另外，其 Gap 在 0.04%至 1.3%之间变化，平均值为 0.58%，这表明所提出的核搜索算法不但可以获得高质量的近似最优解，而且其 Gap 随着问题规模增加变化平缓。④对于给定的$|N|$和$|N_l|$，$CT_{P_2'}$、CT_{CS} 和 CT_{KS} 均随$|L|$增加而增加。以算例组 36 和算例组 37 为例，它们具有相同的$|N|$和不同的$|L|$，算例组 37 的 $CT_{P_2'}$、CT_{CS} 和 CT_{KS} 分别大于算例组 36 对应的值。还可以观察得出，对于固定的$|L|$和N_l，所有算法的计算时间均呈现增加趋势。以算例组 35 和算例组 36 为例，$CT_{P_2'}$、CT_{CS} 和 CT_{KS} 随着$|N|$增加而增加。上述结果表明$|N|$和$|L|$的增加也会增加 BLRP 的计算时间。

表 5.3 $|N|$= 75、80、85、90、95、100 算例的对比实验结果

算例组	$|N|$	$|A|$	$|L|$	CT_{P_2}/秒	$CT_{P_2'}$/秒	CT_{CS}/秒	CT_{KS}/秒	Gap
29	75	274	7	410.21	155.86	72.63	47.70	0.13%
30	80	292	8	379.00	163.46	79.16	60.29	0.21%
31	80	292	9	526.14	217.89	129.77	66.65	0.04%
32	85	312	9	632.15	183.02	153.27	107.59	0.19%
33	85	312	10	796.73	259.60	214.94	131.27	1.23%
34	90	330	10	1 832.22	670.30	459.63	151.04	0.50%
35	90	330	11	1 819.95	743.57	534.71	195.44	1.12%
36	95	350	11	4 569.43	930.12	777.12	227.73	1.30%
37	95	350	12	7 134.53	1 143.94	965.93	392.69	0.47%
38	100	366	12	9 295.05	2 273.00	1 618.90	441.56	0.63%

续表

算例组	$|N|$	$|A|$	$|L|$	CT_{P_2}/秒	$CT_{P_2'}$/秒	CT_{CS}/秒	CT_{KS}/秒	Gap
平均				2 739.54	674.08	500.61	182.20	0.58%

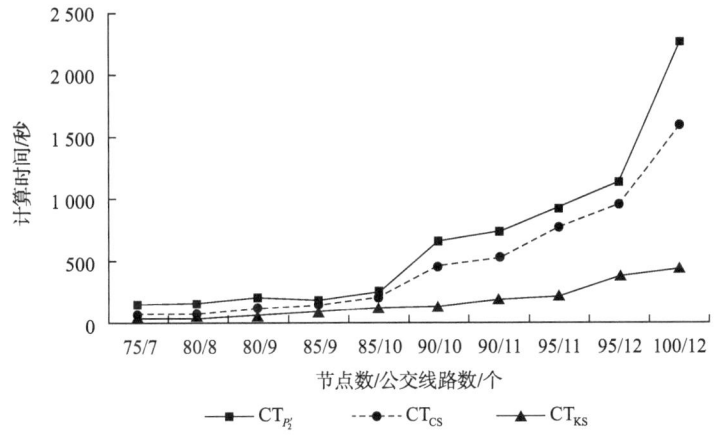

图 5.6 $|N|$=75、80、85、90、95、100 算例的对比实验结果

表 5.4 和图 5.7 给出了更大规模算例的数值实验结果。从中可以得出以下结论：①模型 P_2 仅能精确求解算例组 39，而采用模型 P_2' 可以求得算例组 39~45 的最优解，这进一步验证所提出有效不等式（5.45）的有效性。②对算例组 39~算例组 46，CT_{CS} 均小于 $CT_{P_2'}$，平均 $CT_{CS}/CT_{P_2'}$ 小于 53.41%（3 438.64/6 438.79）。此外，如图 5.7 所示，随着问题规模增加 CT_{CS} 和 $CT_{P_2'}$ 均增加，但是 CT_{CS} 增加更为平缓。这些结果表明：所提出的分割求解算法求解大规模算例比 CPLEX 更加有效。需要注意的是，CPLEX 不能在 18 000 秒内完全求解算例组 46 中的所有算例，而所提出的分割求解算法平均需花费 6 929.00 秒求得了所有算例的最优解。③对于所提出的核搜索算法，其 Gap 在 0.38%和 1.99%之间变化，其在算例组 39~算例组 46 的 Gap 平均值为 1.06%，这表明所提出的核搜索算法求解质量是相对稳定的。另外，CT_{KS} 远小于 $CT_{P_2'}$ 和 CT_{CS}。所提出的核搜索算法的平均时间仅为 CPLEX 和分割求解算法的 13.13%和 24.59%。此外，随着问题规模增大，CT_{KS} 比 $CT_{P_2'}$ 和 CT_{CS} 增加平缓很多。特别地，由于所研究 BLRP 的 NP 难特性，CPLEX 和所提出的分割求解算法不能在 18 000 秒内精确地求解所有算例，而所提出的核搜索算法在 1 325.14 秒内获得了 Gap 为 1.14%的高质量解。以上结果表明：对于大规模

算例，所提出核搜索算法显著地优于 CPLEX 和所提出的分割求解算法。

表 5.4　$|N|$= 110、115、120、125、130、135、140、145、150 算例的对比实验结果

算例组	$|N|$	$|A|$	$|L|$	CT_{P_2}/秒	$CT_{P_2'}$/秒	CT_{CS}/秒	CT_{KS}/秒	Gap
39	110	398	12	8 290.09	1 494.87	926.52	397.23	0.38%
40	115	436	13		4 342.55	1 882.47	632.40	1.99%
41	120	452	13		3 744.84	1 897.17	664.82	0.82%
42	125	454	14		4 033.90	1 531.12	438.55	0.69%
43	130	480	14		4 318.56	2 505.78	952.98	1.11%
44	135	512	15		8 819.48	4 958.71	1 199.72	0.89%
45	140	516	15		10 677.81	6 774.82	1 397.03	1.14%
46	145	518	16			7 032.51	1 082.63	1.49%
平均					> 6 929.00	3 438.64	845.67	1.06%
47	150	568	16				1 325.14	1.14%

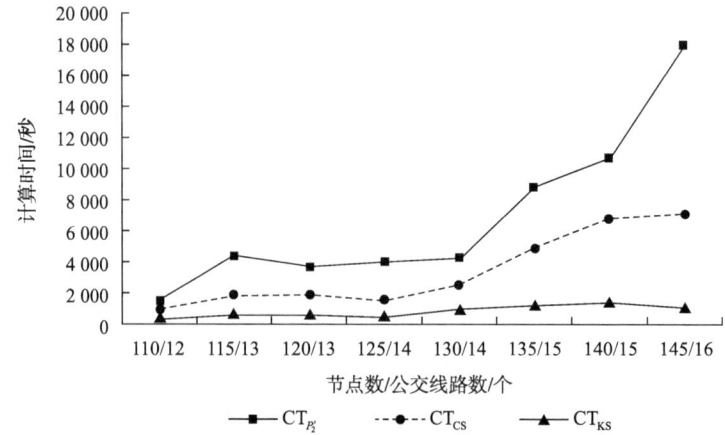

图 5.7　$|N|$= 110、115、120、125、130、135、140、145 算例的对比实验结果

为了进一步评估所提出算法的性能，本节进行了输入参数敏感分析测试实验以评估所提出算法的稳定性。每类参数分别测试了三种不同情形，表 5.5

和表 5.6 给出了不同情形的对比实验结果。从表 5.5 可以看出，对于 $b_{ij} \in$ [1，3]、[3，5]及[1，5]，$CT_{CS}/CT_{P_2'}$ 范围分别为 51.29%~79.02%、48.66%~83.27%以及 45.36%~98.63%，三种情形下的 $CT_{CS}/CT_{P_2'}$ 的平均值分别为 68.90%、61.17%及 67.93%。这些结果表明：提出的分割求解算法的性能对影响参数不太敏感。对所提出的核搜索启发式算法，我们可以看到，$CT_{KS}/CT_{P_2'}$ 的值范围在中情形下分别为 23.27%~77.73%、29.72%~69.29%、23.35%~79.12%，平均值分别为 54.35%、49.86%和 53.05%。

表 5.5 不同影响参数设置对比实验结果

算例组	b_{ij}	$|N|$	$|L|$	$CT_{P_2'}$ /秒	$CT_{CS}/CT_{P_2'}$	$CT_{KS}/CT_{P_2'}$	Gap
48		80	8	39.63	77.26%	77.73%	0.25%
49		90	9	52.23	72.93%	66.91%	0.28%
50	[1, 3]	100	10	155.76	79.02%	53.23%	0.69%
51		110	11	210.50	63.99%	50.59%	1.04%
52		120	12	525.88	51.29%	23.27%	1.35%
平均				196.80	68.90%	54.35%	0.72%
53		80	8	30.85	83.27%	69.29%	0.28%
54		90	9	64.23	55.33%	50.02%	0.12%
55	[3, 5]	100	10	132.13	62.98%	55.43%	1.15%
56		110	11	207.72	55.63%	44.84%	1.07%
57		120	12	560.81	48.66%	29.72%	1.42%
平均				199.15	61.17%	49.86%	0.81%
58		80	8	39.22	78.24%	74.46%	0.48%
59		90	9	63.10	98.63%	79.12%	1.01%
60	[1, 5]	100	10	129.64	45.36%	41.69%	0.79%
61		110	11	235.48	54.88%	46.62%	1.06%

续表

算例组	b_{ij}	$|N|$	$|L|$	$CT_{P_2'}$ /秒	$CT_{CS}/CT_{P_2'}$	$CT_{KS}/CT_{P_2'}$	Gap
62	[1, 5]	120	12	520.12	62.53%	23.35%	0.82%
平均				197.51	67.93%	53.05%	0.83%

表 5.6 不同到达时间参数设置对比实验结果

算例组	r_i^t	$|N|$	$|L|$	$CT_{P_2'}$ /秒	$CT_{CS}/CT_{P_2'}$	$CT_{KS}/CT_{P_2'}$	Gap
48		80	8	39.63	77.26%	77.73%	0.25%
49		90	9	52.23	72.93%	66.91%	0.28%
50	0.2	100	10	155.76	79.02%	53.23%	0.69%
51		110	11	210.50	63.99%	50.59%	1.04%
52		120	12	525.88	51.29%	23.27%	1.35%
平均				196.80	68.90%	54.35%	0.72%
63		80	8	30.40	82.34%	79.46%	0.52%
64		90	9	79.80	61.96%	57.62%	1.07%
65	[0.2, 0.3]	100	10	152.27	66.53%	56.22%	0.89%
66		110	11	206.10	72.31%	49.28%	0.56%
67		120	12	464.14	59.53%	40.70%	0.73%
平均				186.54	68.53%	56.66%	0.75%
68		80	8	32.57	79.40%	78.24%	0.33%
69		90	9	82.63	82.31%	63.04%	0.79%
70	[0.3, 0.4]	100	10	141.26	83.93%	62.19%	0.60%
71		110	11	223.54	78.38%	45.62%	0.93%
72		120	12	604.25	57.74%	32.78%	0.50%
平均				216.85	76.35%	56.37%	0.63%

从表 5.5 中还可以看出，Gap 的变动范围分别为[0.25%，1.35%]，平均值为 0.72%；[0.12%，1.42%]，平均值为 0.81%；[0.48%，1.06%]，平均值为 0.83%。以上结果表明：所提出核搜索算法对影响参数的变化性能也相对稳定。表 5.6 给出了不同到达时间窗参数的敏感性分析结果。从表 5.6 中可以找到与表 5.5 类似的结果。这表明：所提出的分割求解算法和核搜索启发式算法对到达时间窗参数变化不是十分敏感。

综上，本章研究了一个为实现快速和可靠的公交运输系统的公交专用道设置优化问题。对于所研究的问题，首先建立了一个混合整数非线性程序，其次通过问题性质分析将其被转换为等价的线性模型，提出了有效不平等以紧凑化所提出的混合整数规划模型。为更加有效研究该问题，本章还建立了一个整数规划模型，并提出预处理技术和添加有效不等式大大减少问题最优解的搜寻空间。最后提出一种具有新的切割面生成技术的增强分割求解算法精确地求解所研究的问题。为了能够更有效地解决大规模问题，本章还开发了一种改进核搜索启发式算法。大量随机生成算例实验结果表明：①所提出的整数规划模型比提出的混合整数规划模型更加有效；②增强分割求解算法能 CPLEX 更快地获得问题的最优解；③改进核搜索启发式算法能在合理的计算时间内有效求解获得网络规模高达 150 个节点和 568 条弧问题的高质量解。

第6章 公交专用道与公交线路设计集成优化模型与方法

6.1 引 言

公交系统设计非常复杂,包括五个主要阶段:线路规划、频率设置、时间表设计、车辆调度和公交司机调度(Ceder and Wilson,1986)。很多研究人员已经指出,公共汽车线路规划是一个战略性的长期决策问题,已被确定为公交运输系统设计中最重要的阶段(Shih and Mahmassani,1994),这主要是因为它将直接决定公交线路的总长度,从而影响所需的车队规模以及影响乘客旅行总时间和换乘次数。此外,公交线路规划也将影响其余各阶段的决策。根据 Kilh 和 Gok(2014)的报道,合理的公交线路将提升公交系统服务水平,并减少公交运营成本。传统的公交线路规划问题旨在现存的城市交通网络中布置一组公交线路(通常情况下,公交车站已经根据出行需求预先确定),以满足乘客的出行者交通需求,同时满足公交系统运营预算限制。已有大量文献报道了对该问题的研究成果(Baaj and Mahmassani,1991;Cancela et al.,2015;Ceder and Wilson,1986;Fan and Mumford,2010;John et al.,2014;Kilhc and Gok,2014;Nikolic and Teodorovic,2013;张卫华等,2003)。然而,城市交通拥堵导致了低效的公交运输服务,如旅行时间长和服务不可靠等,公交系统变得越来越不具有吸引力。公交专用道设置策略作为促进公交优先的重要交通管理策略,已被广泛应用于现实生活中。因此,在传统的公交线路规划中考虑合理的公交专用道设置具有重要的现实意义。

本章研究了一个公交专用道与公交线路设计集成优化问题,其旨在于最优地设计公交线路并在公交网络中选择路段设置公交专用道保证公交运输快速可靠。与第 5 章中研究的公交专用道问题相比,本章研究问题的显著区别在于公交线路和它们所包含的站点需要与公交专用道设置一同设计。此外,不同于先前研究的单目标公交专用道设置优化问题,BLR-LDP 目标是同时最小化公交专用道设置的总负面影响和所有乘客的总旅行时间。由于公交线路设计的引入,所研究的 BLR-LDP 比第 5 章的公交专用道问题更为复杂,先前所提出的方法不能直接应用于求解该问题。在本章中,为了求解 BLR-LDP,首先为该问题建立了一个新的双目标整数非线性规划模型;其次将所建立的非线性模型等价地转化为线性模型,并提出了一些有效不等式以减少最优解搜寻空间;最后应用所提出的增强 ε- 约束法获得问题 Pareto 前沿。

本章组织如下。在第 6.2 节中建立了 BLR-LDP 的数学模型,并分析了问题复杂性。在 6.3 节中提出了精确 ε- 约束法求解 BLR-LDP。在第 6.4 节中报道了基于基准算例和随机生成的测试实验结果,并进行总结。

6.2 问题建模

6.2.1 问题描述

BLR-LDP 可以定义在一个有向图 $G=(N, A)$ 上,N 和 A 分别表示节点和弧的集合。节点和弧分别表示道路交叉点或公交车站和连接两个节点的路段。令 K 表示起点-目的地(origin-destination,OD)对集合和 o_k、d_k、D_k 分别表示 OD 对的起点、目的地及乘客数量。当然,o_k 和 d_k 也同时为公交车站点。给定一组公交候选线路集合 L,每条线路 $l \in L$ 由一系列弧组合而成,令 A_l 表示由线路 l 经过弧的集合。

易知,如需满足一个 OD 对的出行需求,则需通过公交系统能找到一条可行的出行路径。具体而言,出行需求将通过一个或几个公交线路以及作为公交线路的一些路段来满足。所有这些经过的路段构成出行路径。然而,不同的公交线路可能包含相同的路段。因此,为了区分不同线路上经过的相同路段，引入了一个新交通网络，即 $G'=(N, A')$，其中 A' 是由 L 中所有线路转换的弧集合，其中每条弧仅属于一条公交线路。设 A'_l 表示由 G' 中的线路 l 经过的弧集合。下面给出示例（图 6.1）来说明网络图 G'。

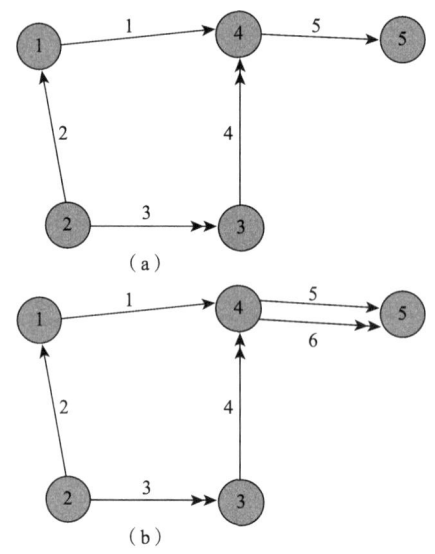

图 6.1 交通网络图 G 和 G'

在以上示例中，仅存在一个 OD 对，其起点和目的地分别是 2 和 5。根据该 OD 对，计算其候选线路集合 L，它包含两个候选线路。线路 1 和线路 2 分别为 2—1—4—5 和 2—3—4—5，$A_1=\{2, 1, 5\}$ 和 $A_2=\{3, 4, 5\}$，如图 6.1（a）所示。A_1 和 A_2 均包含 G 中的弧 5。相应的网络 G' 如图 6.1（b）所示，其中 $A'_1=\{2, 1, 5\}$ 和 $A'_2=\{3, 4, 6\}$。注意：网络 G 仍然是必要的，目的是便于计算公交专用道设置负面影响，即稍后描述的目标函数 f_2，其不能通过使用 G' 来定义，因为多个选择线路可能通过相同的专用道。

给定一个包含乘客 OD 矩阵（OD 信息）和一组候选公交线路 L，所考虑的 BLR-LDP 旨在最优地选择来自集合 L 的线路子集，满足所有的乘客出行需求并设置公交专用道以构建快速和可靠的公交系统。研究目标是同时最小化乘客出行总时间和公交专用道产生的负面交通影响。

6.2.2 数学模型

为了更好地建立该问题的数学模型，对于所考虑的问题提出了如下假设：

①乘客的线路选择是基于最短出行时间考虑的，且包括公交车换乘时间。与大多数现有研究一样（Chakroborty and Wivedi，2002；Fan and Mumford，2010），每次换乘时间设置为5分钟。②每条线路上始终有足够的公交车，以确保所有乘客都能以最快的方式完成出行。③线路运行成本与线路运输时间成正比，任何线路都以双向方式运行（Schobel，2006，2012）。这是因为线路的总运行时间越长，用于保证给定的线路服务频率所需的公交车和司机越多。④在每个路段上存在至少两条车道，使得可以设置其中一条为公交专用道，任意一条公交专用道可以允许多条线路共享以增加其利用率。为建立问题数学模型，定义如下集合和参数及决策变量。

（1）集合和参数：

N：网络 G 和 G' 的节点集合；

A：网络 G 弧的集合；

L：候选公交线路集合，$l \in L$；

A_l：网络 G 中公交线路 l 经过弧的集合，其顺序给定 $A_l \in A$；

$L(a)$：经过弧 $a \in A$ 的候选线路集合，$L(a) \subseteq L$；

A'：网络 G' 弧的集合；

A'_l：网络 G' 中公交线路 l 经过弧的集合，其顺序给定，$A'_l \subseteq A'$；

A'^+_i：网络 G' 中进入节点 i 弧的集合，$A'^+_i \subseteq A'$；

A'^-_i：网络 G' 中出节点 i 弧的集合，$A'^-_i \subseteq A'$；

$A'(a)$：网络 G' 中对应网络 G 中弧 a 的弧集合，$A'(a) \in A'$；

B：公交运营成本预算；

K：OD 对集合，$k \in K$；

o_k：OD 对 k 的起始点；

d_k：OD 对 k 的目的地点；

D_k：OD 对单位时间需求量；

P_T：单次换乘惩罚时间；

τ_a：在弧 $a \in A$，A' 专用道上公交车行驶时间；

τ'_a：在弧 $a \in A$，A' 未设置专用道时公交车行驶时间；

C_a：在弧 $a \in A$，A' 设置专用道的负面影响；

M：一个正大数。

（2）决策变量：

z_a：$z_a = 1$，若在弧 $a \in A$ 设置专用道；否则 $z_a = 0$。

u_a^k: $u_a^k=1$，若在弧（i, j）$\in A$ 设置专用道且 OD 对 $k\in K$ 经过该弧；否则 $u_a^k=0$。

v_a^k: $v_a^k=1$，若在弧（i, j）$\in A$ 未设置专用道且 OD 对 $k\in K$ 经过该弧；否则 $v_a^k=0$。

y_l: $y_l=1$，若候选线路 l 被选择；否则 $y_l=0$。

x_l^k: $x_l^k=1$，若 OD 对 $k\in K$ 使用了候选线路 $l\in L$；否则 $x_l^k=0$。

基于以上定义的参数和变量，BLR-LDP 的双目标整数非线性模型建立如下。

$$P_{bl}: f_1 : \min \sum_{k\in K}\sum_{a\in A'} D_k\left(\tau_a u_a^k + \tau_a' v_a^k\right) + \sum_{k\in K} D_k P_T \left(\sum_{l\in L} x_l^k - 1\right) \quad (6.1)$$

$$f_2 : \min \sum_{a\in A} C_a z_a \quad (6.2)$$

$$\text{s.t.} \sum_{l\in L}\sum_{a\in A_l}\left(\tau_a z_a + \tau_a'(1-z_a)\right)y_l \leqslant B \quad (6.3)$$

$$\sum_{a\in A_{o_k}'^-}\left(u_a^k + v_a^k\right) = 1, \forall k \in K \quad (6.4)$$

$$\sum_{a\in A_{d_k}'^+}\left(u_a^k + v_a^k\right) = 1, \forall k \in K \quad (6.5)$$

$$\sum_{a\in A_{d_k}'^-}\left(u_a^k + v_a^k\right) = 0, \forall k \in K \quad (6.6)$$

$$\sum_{a\in A_{o_k}'^+}\left(u_a^k + v_a^k\right) = 0, \forall k \in K \quad (6.7)$$

$$\sum_{a\in A_i'^+}\left(u_a^k + v_a^k\right) = \sum_{a\in A_i'^-}\left(u_a^k + v_a^k\right), \forall i \in N\setminus\{o_k, d_k\}, \forall k \in K \quad (6.8)$$

$$\sum_{a\in A_l'}\left(u_a^k + v_a^k\right) \leqslant |A_l'| y_l, \forall k \in K, \forall l \in L \quad (6.9)$$

$$\sum_{a\in A_l'}\left(u_a^k + v_a^k\right) \leqslant |A_l'| x_l^k, \forall k \in K, \forall l \in L \quad (6.10)$$

$$\sum_{k\in K} u_{a'}^k \leqslant |K| z_a, \forall a' \in A'(a), \forall a \in A \quad (6.11)$$

$$z_a, u_{a'}^k, v_{a'}^k, y_l, x_l^k \in \{0,1\}, \forall a \in A, \forall a' \in A', \forall k \in K, \forall l \in L \quad (6.12)$$

目标函数（6.1）为最小化所有乘客的旅行时间，包括换乘的惩罚时间。注意，$\sum_{l\in L} x_l^k$ 计算了 OD 对 k 所乘坐公交线路数，其必大于或等于 1，则 $\sum_{l\in L} x_l^k - 1$ 计算其所需的换乘次数。目标（6.2）是最小化专用道设置的负面影响。约束（6.3）确保了总运营成本不超过可用的运营预算额度 B。约束（6.4）~约束（6.8）保证了每个 OD 对的乘客存在一条出行路径，且由于目标（6.1）的存在，该路径会是一条最短路径。更具体地，约束（6.4）和约束（6.5）分别表示只存在一条弧从起点站 o_k 出来和进入目的地站 d_k。约束（6.6）和约束（6.7）分别确保没有弧进入起点站 o_k 和从目的地站 d_k 出来。约束（6.8）确保每个 OD 对 $k \in K$ 的起点站和目的地站之间的中间节点的流平衡。约束（6.9）保证如果任意一 OD 对 k 的乘客乘坐了公交线路 l，则必须选择公交线路 l。约束（6.10）确定任意一 OD 对 k，$k \in K$，所需乘坐的公交线路。约束（6.11）表示任何 OD 对 k 只有在道路网 G 中的相应弧设置公交专用道时才能经过弧 $a \in A'$ 上的公交专用道。约束（6.12）为决策变量约束。BLR-LDP 复杂性由以下定理给出。

定理6.1：BLR-LDP 属于 NP-难问题。

证明：如果在每个弧上设置公交专用道的负面影响足够小（即目标 f_2 可以去除）时，对应 BLR-LDP 特殊情况变为传统的公交线路规划问题，后者已经被 Fan 和 Mumford（2010）证明为 NP-难问题。因此，在一般情况下 BLR-LDP 也属于 NP-难问题。

6.2.3 模型线性化和有效不等式

可以观察到，由于存在非线性约束（6.3），模型 P_{bl} 是非线性的，故在本小节中，将通过重新定义约束（6.3）将 P_{bl} 转换为等价的线性模型。首先定义一个新变量如下。

w_l：线路 l 的运营成本，如果没有从候选线路中选择，则 w_l 取值为 0。

对于任意 $l \in L$，存在两种情况：一是公交线路 l 未被选择；二是公交线路 l 被选择。因此，相应的运营成本也存在两种情况，即 0 或 $\sum_{a \in A_l}\left[\tau_a z_a + \tau'_a(1-z_a)\right]$。然后，$w_l$ 可建模如下。

一是公交线路 l 未被选择：因此，$w_l = 0$，则有
$$w_l \leqslant y_l M, \forall l \in L \tag{6.13}$$

二是公交线路 l 被选择：因此，$w_l = \sum_{a \in A_l}\left[\tau_a z_a + \tau'_a(1-z_a)\right]$，则有

$$w_l - \sum_{a \in A_l}\left[\tau_a z_a + \tau'_a(1-z_a)\right] \geqslant M(y_l - 1), \forall l \in L \tag{6.14}$$

$$w_l - \sum_{a \in A_l}\left[\tau_a z_a + \tau'_a(1-z_a)\right] \leqslant M(1-y_l), \forall l \in L \tag{6.15}$$

基于上述分析，约束（6.3）可以等价线性表示如下。

$$\sum_{l \in L} w_l \leqslant B \tag{6.16}$$

$$w_l \geqslant 0, \forall l \in L \tag{6.17}$$

约束（6.13）~约束（6.15）

最后，非线性模型 P_{bl} 可以转换为以下等价的混合整数线性模型 P'_{bl}。

$$P'_{bl}: f_1: \min \sum_{k \in K} \sum_{a \in A'} D_k \left(\tau_a u_a^k + \tau'_a v_a^k \right) + \sum_{k \in K} D_k P_T \left(\sum_{l \in L} x_l^k - 1 \right)$$

$$f_2: \min \sum_{a \in A} C_a z_a$$

s.t. 约束（6.4）~约束（6.17）

为了使所建立的模型更加紧凑并减少其解空间，提出了以下有效不等式。

$$\sum_{a \in A_i^{\prime+}} \left(u_a^k + v_a^k \right) \leqslant 1, \forall i \in N \setminus \{o_k, d_k\}, \forall k \in K \tag{6.18}$$

$$\sum_{a \in A_i^{\prime-}} \left(u_a^k + v_a^k \right) \leqslant 1, \forall i \in N \setminus \{o_k, d_k\}, \forall k \in K \tag{6.19}$$

$$z_a \leqslant \sum_{l \in L(a)} y_l, \forall a \in A \tag{6.20}$$

$$\sum_{k \in K} x_l^k \leqslant |K| y_l, \forall l \in L \tag{6.21}$$

$$y_l \leqslant \sum_{k \in K} x_l^k, \forall l \in L \tag{6.22}$$

其中，约束（6.18）和约束（6.19）确保 OD 对 k 的乘客最多通过网络中的中间节点一次。约束（6.20）保证弧 a 只有在包含在公交线路路径中时才能设置公交专用道。约束（6.21）表示当任何 OD 对 k 经过了公交线路 l 时，该线路必定被选择。约束（6.22）表示公交线路 l 仅在存在至少一个 OD 对使用时才能被选择。基于上述有效不等式，可以得到以下改进模型。

$$P''_{bl}: f_1: \min \sum_{k \in K} \sum_{a \in A'} D_k \left(\tau_a u_a^k + \tau'_a v_a^k \right) + \sum_{k \in K} D_k P_T \left(\sum_{l \in L} x_l^k - 1 \right)$$

$$f_2: \min \sum_{a \in A} C_a z_a$$

s.t. 约束（6.4）~约束（6.22）

6.3 增强 ε-约束法

本节中，第 4 章提出的增强 ε-约束法被适应于获得 BLR-LDP 的 Pareto

前沿,其优点、原理和求解步骤已经在第 4 章中进行了详细描述。采用改进 ε-约束法求解模型 P'_{bl},其可以被转换为一系列的单目标优化问题。如上所述,BLR-LDP 具有两个相互冲突的目标。在本节中,将第一个作为优先考虑目标,P'_{bl} 可以转化为以下单目标问题:

$$P'_{bl}(\varepsilon): \min \sum_{k \in K}\sum_{a \in A'} D_k \left(\tau_a u_a^k + \tau'_a v_a^k\right) + \sum_{k \in K} D_k P_T \left(\sum_{l \in L} x_l^k - 1\right)$$
$$\text{s.t.} \sum_{a \in A} C_a z_a \leqslant \varepsilon \quad (6.23)$$
$$\text{约束 (6.4)~约束 (6.17)}$$

其中,ε 表示 f_2 的上界。

复杂性分析:如果 ε 的值足够大,那么单目标问题 $P'_{bl}(\varepsilon)$ 可以归约至一个公交线路规划问题,后者已经被 Fan 和 Mumford(2010)证明为 NP-难问题。因此,单目标问题 $P'_{bl}(\varepsilon)$ 一般情况下属于 NP-难问题。模型 $P'_{bl}(\varepsilon)$ 是线性的,因此它可以用商品化优化软件包 CPLEX 求解。

6.3.1 理想和最低点计算

根据第 1 章提出的精确 ε-约束方法的基本原理,需要计算理想和最低点以确定 ε 的取值范围。根据定义 1.3 和定义 1.4,它们可以通过精确求解以下四个单目标优化问题获得。

$$P(f_1^I): f_1^I: \min \sum_{k \in K}\sum_{a \in A'} D_k \left(\tau_a u_a^k + \tau'_a v_a^k\right) + \sum_{k \in K} D_k P_T \left(\sum_{l \in L} x_l^k - 1\right)$$
$$\text{s.t. 约束 (6.4)~约束 (6.17)}$$

$$P(f_2^I): f_2^I: \min \sum_{a \in A} C_a z_a$$
$$\text{s.t. 约束 (6.4)~约束 (6.17)}$$

$$P(f_1^N): f_1^N: \min \sum_{k \in K}\sum_{a \in A'} D_k \left(\tau_a u_a^k + \tau'_a v_a^k\right) + \sum_{k \in K} D_k P_T \left(\sum_{l \in L} x_l^k - 1\right)$$
$$\text{s.t.} \sum_{a \in A} C_a z_a = f_2^I \quad (6.24)$$
$$\text{约束 (6.4)~约束 (6.17)}$$

$$P(f_2^N): f_2^N: \min \sum_{a \in A} C_a z_a$$
$$\text{s.t.} \sum_{k \in K}\sum_{a \in A'} D_k \left(\tau_a u_a^k + \tau'_a v_a^k\right) + \sum_{k \in K} D_k P_T \left(\sum_{l \in L} x_l^k - 1\right) = f_1^I \quad (6.25)$$

约束（6.4）~约束（6.17）

因此，ε 取值区间为 $\left[f_2^I, f_2^N\right]$。

6.3.2 算法参数定义

根据定义 1.7，参数 δ 定义为 f_2 的最小单位值。因此，δ 设定为 C_a 的最小单位值。

6.3.3 算法流程

本章所提出的求解 BLR-LDP 的改进 ε-约束法如图 6.2 所示。

步骤 1：将模型 P'_{bl} 转化为 $P'_{bl}(\varepsilon)$；

步骤 2：设置 δ 为 C_a，$a \in A$ 的最小单位值，$Y'_N = \varnothing$；

步骤 3：通过精确求解问题 $P(f_1^I)$ $P(f_2^I)$ $P(f_1^N)$ $P(f_2^N)$ 计算 $f^I = (f_1^I, f_2^I)$ 和 $f^N = (f_1^N, f_2^N)$；

步骤 4：令集合 $Y'_N = \{(f_1^I, f_2^N)\}$，$\varepsilon_j = f_2^N - \delta$。令 $j=2$；

步骤 5：while ($\varepsilon_j \geq f_2^I$) do；

步骤 6：精确求解问题 $P'_{bl}(\varepsilon)$ 和获得其最优解 x^*，将 x^* 对应的目标向量 $f(\varepsilon_j) = (f_1(\varepsilon_j), f_2(\varepsilon_j))$ 添加至集合 Y'_N；

步骤 7：$\varepsilon_{j+1} = f_2(\varepsilon_j) - \delta, j = j + 1$；

步骤 8：end while；

步骤 9：从 Y'_N 剔除支配点（如果存在）获得 Pareto 前沿 Y_N。

图 6.2 求解 BLR-LDP 的改进 ε-约束法

6.4 算法验证

本节应用一个基准算例和随机生成算例来评估所提出算法的性能。所提出的算法（即算法 BLR-LDP）通过 Visual C++ 编码编程，应用商业软件 CPLEX（版本 12.6）BLR-LDP 算法中的所有单目标问题都由 CPLEX 求解。所有实验都在具有 2.5GHz 主频和 2.95GB 内存个人计算机上进行，其操作系统为

Windows 7。

为了验证设置公交专用道是否有利于提升公交系统的性能,本章将比较有无公交专用道时公交车出行时间。为达到此目的,首先分别计算了每个 OD 对 k 通过具有和没有专用道公交系统的运行时间 τ_k 和 τ_k',其次计算 OD 对 k 出行时间减少率 DR_k,其被计算为 $DR_k = (\tau_k' - \tau_k)/\tau_k'$,表示公交系统设置公交专用道后 OD 对 k 出行时间的减少程度。为了反映公交专用道对于所有 OD 对的效益,所有 OD 对的平均运行时间减少率的计算公式表示如下:

$$\mathrm{DR} = \frac{1}{|K|} \sum_{k \in K} \frac{\tau_k' - \tau_k}{\tau_k'} \quad (6.26)$$

类似地,还可以测量属于相同 OD 对的私家车出行者的公交专用道导致其平均出行时间增加程度。令 IR 为私家车出行者出行时间的平均增加率,其计算公式如下:

$$\mathrm{IR} = \frac{1}{|K|} \sum_{k \in K} \frac{T_k - T_k'}{T_k'} \quad (6.27)$$

其中,T_k 和 T_k' 分别表示在设置公交专用道前后 OD 对 k 的通过私家车出行的行驶时间。注意,T_k' 是未设置专用道时经由相应最短路径的行驶时间,T_k 是在设置专用道后其对应相同路径上的行驶时间。为了简便起见,令 $|F|$ 和 No. 分别表示 Pareto 前沿非支配点数目和解的标签。令 $\mathrm{CT}_{P_{bl}'}$ 和 $\mathrm{CT}_{P_{bl}'}$ 分别表示算法有、无有效不等式时的计算时间。

6.4.1 基准算例

本节应用一个基准算例来评估算法的性能,基准算例来自 Cancela 等(2015)的研究。该算例含有 8 个节点,20 条弧和 4 个 OD 对。图 6.3 展示了相应的网络图 G,OD 对集合 K,路段行驶时间 τ_a'(分钟)以及单位需求量 D_k(人数/分钟)。

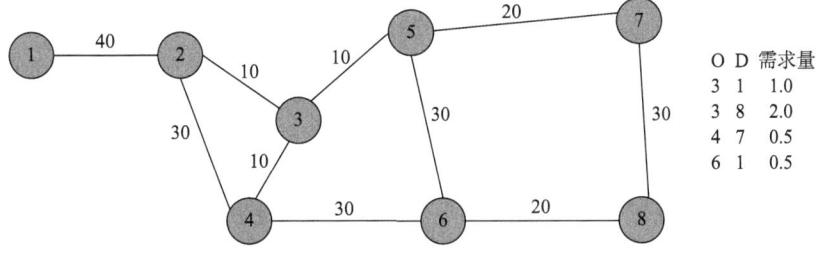

图 6.3 基准算例的网络

与大多数现有公交线路线规划问题研究一样，对应于每个 OD 对通过计算节点对之间的 K-最短路径来生成所有候选线路集合。为此，本章应用了 Yen（1971）的 K-最短路径算法。该算例的所得公交线路集合 L 具有 22 个元素。因为 Cancela 等（2015）没有考虑公交专用道设置。基于 Fang 等（2013）的研究，生成与 BLR-LDP 的专用道设置相关的其余参数：τ_a 定义为 $\varnothing_a \tau_a'$，其中 $\varnothing_a$ 在区间[0.5, 0.8]中随机生成，在弧 a 上的设置专用道的负面影响被定义为 $C_a = r_a \tau_a'$，其中 r_a 在区间[0.2, 0.3]中随机生成。非公交车辆在 a 上设置公交专用道后的旅行时间估计为 $\tau_a'' = (1+r_a)\tau_a'$。本节分别考虑参数 B=200、300 和 400 以测试其影响。

从表 6.1 中可以观察到，所提出的算法可以在一分钟内找到基准算例的 Pareto 前沿。此外，可以观察到 $CT_{P_{bl}'}$ 均小于 $CT_{P_{bl}'}$。这表明所提出的有效不等式在加速所提出的算法中是有效的。此外，还可以看出，公交系统设计预算越多，即 B 的值越大，非支配解的数量越多。这可能是因为随着 B 增加，所研究问题解空间变得更大。

表 6.1 基准算例的计算结果

B	$\|F\|$	$CT_{P_{bl}}$/秒	$CT_{P_{bl}'}$/秒	$CT_{P_{bl}'}/CT_{P_{bl}}$
200	4	3.79	2.90	76.54%
300	32	49.62	25.52	51.43%
400	35	21.67	17.55	80.99%

从表 6.2 中看到，基准算例中设置 B = 200 时仅存在 4 个非支配解，并且公交专用道的最小影响值为 60.8，这意味着如果不设置公交专用道，则由于违反约束（6.3）而不存在可行解决方案。注意，因为 τ_k' 在不设置公交专用道时无法获得，所以根据式（6.26）用 T_k' 代替 τ_k' 来计算 DR，因为在这种情况下乘客只能通过私家车行驶。可以在表 6.2 中发现 DR 范围 32.32% 至 36.41%，而 IR 范围为 17.68% 至 23.44%。

表 6.2 B = 200 的基准算例的非支配解

算例组	f_1	f_2	DR	IR
1	146.75	73.40	35.01%	23.44%

续表

算例组	f_1	f_2	DR	IR
2	151.85	63.50	36.41%	21.44%
3	157.85	61.00	32.32%	17.68%
4	160.65	60.80	34.58%	20.74%

从表 6.3 和表 6.4 中可以看到,在没有设置公交专用道时,对于公交运输系统仍然存在可行的解决方案,这是因为最小负面影响值 f_2^1 为 0。在表 6.3 和表 6.4 中,DR 的范围分别从 0 变化至 41.12%和从 0 变化至 39.30%,而两个表中的 IR 范围均在 0 到 25.19%之间变化。此外,对于两个表中的每个非支配解,DR 均大于 IR。以上结果表明:公交专用道可以以相对较低的负面影响带来更大的效益。图 6.4 给出了基准算例 B=400 Pareto 前沿。

表 6.3 基准算例 B=300 非支配解

算例组	f_1	f_2	DR	IR
1	142.15	40.00	41.12%	25.19%
2	143.50	37.10	39.62%	23.38%
3	148.90	35.60	36.62%	21.63%
4	150.20	31.00	35.26%	22.69%
5	152.90	28.10	33.01%	21.63%
6	157.55	25.60	30.60%	18.93%
7	163.65	25.10	28.83%	17.75%
8	168.15	23.50	26.71%	9.35%
9	168.30	22.60	26.42%	15.81%
10	169.90	22.50	26.40%	15.04%
11	172.30	20.40	27.29%	11.29%

续表

算例组	f_1	f_2	DR	IR
12	174.55	20.00	23.99%	13.10%
13	176.30	19.10	28.14%	17.13%
14	176.95	17.90	24.88%	9.35%
15	180.95	16.60	25.73%	15.18%
16	187.05	16.10	23.96%	14.00%
17	187.70	14.90	20.70%	6.22%
18	191.70	13.60	21.54%	12.06%
19	193.30	13.50	22.91%	11.29%
20	197.45	13.40	20.11%	8.17%
21	197.95	11.00	19.11%	9.35%
22	202.10	10.90	17.70%	6.22%
23	204.05	10.50	18.73%	8.17%
24	205.75	9.90	9.94%	3.13%
25	208.70	8.00	16.32%	6.22%
26	216.50	6.90	5.76%	0
27	220.50	5.60	6.61%	5.83%
28	222.10	5.50	6.59%	5.07%
29	226.25	5.40	5.18%	1.94%
30	226.75	3.00	5.57%	3.13%
31	230.90	2.90	2.76%	0

续表

算例组	f_1	f_2	DR	IR
32	232.85	2.50	3.80%	1.94%
33	237.50	0	0	0

表 6.4　基准算例 $B=400$ 非支配解

算例组	f_1	f_2	DR	IR
1	142.15	40.00	39.30%	25.19%
2	143.50	37.10	37.62%	23.38%
3	145.00	34.40	36.78%	22.16%
4	147.55	33.70	36.30%	23.44%
5	147.70	31.00	36.22%	22.69%
6	148.90	30.80	34.62%	21.63%
7	150.40	28.10	33.78%	20.88%
8	155.05	25.60	31.37%	18.93%
9	161.15	25.10	29.30%	17.75%
10	165.65	23.50	25.62%	9.35%
11	165.80	22.60	26.89%	15.81%
12	167.40	22.50	21.16%	15.04%
13	169.80	20.40	26.20%	11.29%
14	172.05	20.00	24.29%	13.10%
15	173.80	19.10	28.91%	17.13%
16	174.45	17.90	23.79%	9.35%

续表

算例组	f_1	f_2	DR	IR
17	178.45	16.60	26.50%	15.18%
18	184.55	16.10	24.43%	14.00%
19	185.20	14.90	19.31%	6.22%
20	189.20	13.60	22.02%	12.06%
21	190.80	13.50	21.82%	11.29%
22	194.95	13.40	18.72%	8.17%
23	195.45	11.00	19.41%	9.35%
24	199.60	10.90	16.31%	6.22%
25	201.55	10.50	17.34%	8.17%
26	203.25	9.90	8.85%	3.13%
27	206.20	8.00	14.93%	6.22%
28	241.00	6.90	4.38%	0
29	218.00	5.60	7.08%	5.83%
30	219.60	5.50	6.89%	5.07%
31	223.75	5.40	3.79%	1.94%
32	224.25	3.00	4.48%	3.13%
33	228.40	2.90	1.38%	0
34	230.35	2.50	2.41%	1.94%
35	235.00	0	0	0

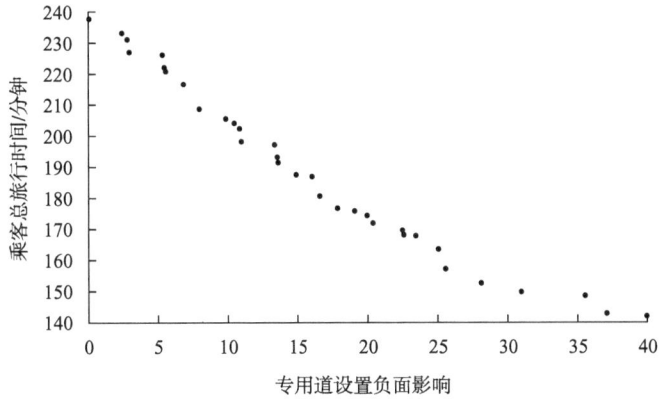

图 6.4 基准算例 $B=400$ Pareto 前沿

6.4.2 随机算例

为了进一步评估所提出算法的性能,本节测试更大规模的随机生成算例。每个算例组由以下方式生成的五个算例组成。交通网络图 $G(N, A)$ 基于 Waxman(1988)的网络模型随机生成。OD 对从节点集 N 中随机选择,并且每个 OD 对单位需求量在区间[1, 5]人/分钟(Cancela et al.,2015)中生成。每个弧上的行驶时间 τ_a 在区间[2, 10]分钟内随机生成。应用 Yen(1971)的 K-最短路径算法计算对应于每个 OD 对的节点对之间的 K-最短路径确定公交线路候选线路集合。根据候选线路构建网络 G'。参数 τ_a 和 C_a 的生成方式与 6.4.1 节相同。B 定义为 $2r_b \sum_{k \in K} l(o_k, d_k)$,其中,$l(o_k, d_k)$ 表示在非未设置专用道时从 o_k 到 d_k 的最短路径上旅行时间,r_b 在区间[0.5, 0.8]随机生成。表 6.5 给出了数值实验的结果。由于篇幅限制,本节不给出每个算例的所得到非支配解,但是我们可以像 6.4.1 节一样类似地分析这些实验结果。实际上,本小节主要关注所提出的算法求解更大规模算例的效率和能力。注意,表 6.5 中每个值均为每组算例的平均值,且对于每个算例,所提出算法的计算时间限制在 18 000 秒以内。

表 6.5 随机生成算例的计算结果

算例组	$|N|$	$|A|$	K	$|F|$	$CT_{P_{bi}}$/秒	$CT_{P_{bi}}$/秒	$CT_{P_{bi}}/CT_{P_{bi}}$
1	9	26	4	10.60	11.69	11.50	98.37%

续表

算例组	$|N|$	$|A|$	$|K|$	$|F|$	$CT_{P_{bl}''}$/秒	$CT_{P_{bl}'}$/秒	$CT_{P_{bl}''}/CT_{P_{bl}'}$
2	9	26	5	43.20	538.16	410.13	76.21%
3	10	30	6	56.20	584.25	381.74	65.34%
4	10	30	6	27.60	315.14	266.46	84.55%
5	11	30	5	23.60	507.87	381.60	75.14%
6	11	30	6	45.00	4 763.95	2 935.25	61.61%
7	12	34	6	37.80	14 773.87	5 428.24	36.74%
平均					3 070.70	1 402.13	45.66%
8	12	34	7				

从表 6.5 中可以看出，所提出的算法可以在给定的计算时间内找出算例组 1~算例组 7 的 Pareto 前沿。还可以观察到，对于所有算例组 1~算例组 7，$CT_{P_{bl}'}$ 均小于 $CT_{P_{bl}''}$，且前者的平均值仅为后者的 45.66%，这表明所提出的有效不等式能有效减少算法的计算时间。此外，从图 6.5 可以看出，由于问题 NP-难特性，算法的计算时间随着问题规模而快速增加，且对于算例组 8，所提出算法无法在 18 000 秒找到问题的 Pareto 前沿。

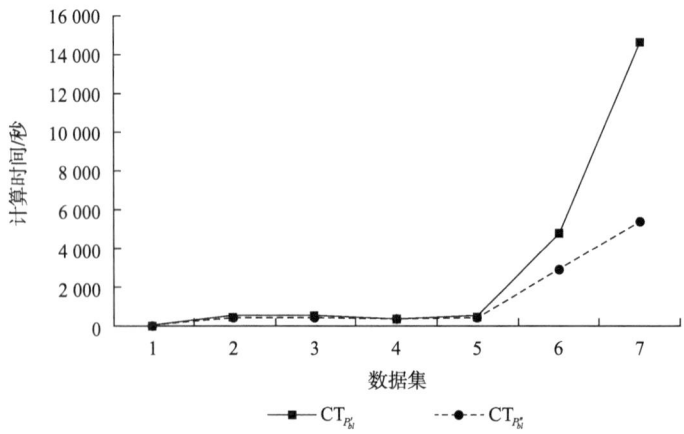

图 6.5 不同大小规模算例的计算结果

由于研究时间有限，针对 BLR-LDP 的研究尚处于起步阶段。初步计算结果表明：所提出算法可以获得小规模问题的 Pareto 前沿。然后，随着问题的规模增大，该问题变得十分难求解。因此，在未来研究中，将探索所研究问题更多的特性以加快算法求解，并开发更加有效的方法以求解大规模问题。

综上，本章研究了一个新的 BLR-LDP，其优化目标是同时最小化所有乘客的总旅行时间和专用道设置的总负面影响。针对该问题，首先建立了一个双目标混合整数非线性模型，其次通过分析模型性质将其等价转换为线性模型，并提出了一些有效不等式来减少 Pareto 最优解的搜索空间，分析了问题的复杂度，随后应用了改进 ε-约束法来获得问题的 Pareto 前沿。基准算例和随机生成算例的测试实验结果表明：所提出算法可以有效地获得小规模问题的 Pareto 前沿，公交专用道设置可以以较少负面影响较大幅度地减少公交出行者出行时间。

参 考 文 献

李铁柱，丁建友，孙云峰，等. 2010. 城市主干道公交专用道设置交通条件研究. 昆明理工大学学报（理工版），35（1）：56-60.

陆建. 2003. 公交专用道的设置条件研究. 交通标准化，（1）：59-61.

吴鹏. 2013. 专用交通道优化问题研究. 西北工业大学硕士学位论文.

张卫华，黄艳君，胡刚. 2003. 城市公共交通专用道设置标准的探讨. 交通标准化，（7）：33-36.

Abbass H A, Sarker R, Newton C. 2001. PDE：a Pareto-frontier differential evolution approach for multi-objective optimization problems. Proceedings of the 2001 Congress on Evolutionary Computation，2：971-978.

Akinc U, Khumawala B M. 1977. An efficient branch and bound algorithm for the capacitated warehouse location problem. Management Science，23（6）：585-594.

Allaoui H, Artiba A. 2004. Integrating simulation and optimization to schedule a hybrid flow shop with maintenance constraints. Computers and Industrial Engineering，47（4）：431-450.

Angelelli E, Mansini R, Speranza M. 2010. Kernel search：a general heuristic for the multi-dimensional knapsack problem. Computers & Operations Research，37（11）：2017-2026.

Angelelli E, Mansini R, Speranza M. 2012. Kernel search：a new heuristic framework for portfolio selection. Computational Optimization and Applications，51（1）：345-361.

Arasan V T, Vedagiri P. 2008. Bus priority on roads carrying heterogeneous traffic: a study using computer simulation. European Journal of Transport and Infrastructure Research, 8 (1): 45-64.

Arasan V T, Vedagiri P. 2010a. Microsimulation study of the effect of exclusive bus lanes on heterogeneous traffic flow. Journal of Urban Planning and Development, 136 (1): 50-58.

Arasan V T, Vedagiri P. 2010b. Study of the impact of exclusive bus lane under highly heterogeneous traffic condition. Public Transport, 2 (1/2): 135-155.

Baaj M H, Mahmassani H S. 1991. An AI-based approach for transit route system planning and design. Journal of Advanced Transportation, 25 (2): 187-209.

Balas E. 1968. A note on the branch-and-bound principle. Operations Research, 16 (2): 442-445.

Baptiste P, Carlier J, Jouglet A. 2004. A branch-and-bound procedure to minimize total tardiness on one machine with arbitrary release dates. European Journal of Operational Research, 158 (3): 595-608.

Baptiste P, Jouglet A. 2001. On minimizing total tardiness in a serial batching problem. RAIRO-Operations Research, 35 (1): 107-115.

Bellman R. 1956. Dynamic programming and Lagrange multipliers. Proceedings of the National Academy of Sciences, 42 (10): 767-769.

Bérubé J, Gendreau M, Potvin J. 2009. An exact ε-constraint method for bi-objective combinatorial optimization problems: application to the traveling salesman problem with profits. European Journal of Operational Research, 194 (1): 39-50.

Black J. 1991. Urban arterial road demand management-environment and energy, with particular reference to public transport priority. Road Demand Management Seminar, Melbourne, Australia, Number AP 10/91.

Black J. 2004. Strategic transport planning, demand analysis of transport infrastructure and transport services for the 27th Summer, Olympiad held in Sydney, Australia, 2000. Journal of Transportation Engineering and Information, 2 (2): 14-30.

Bouillet E. 2007. Path Routing in Mesh Optical Networks. New York: John Wiley & Sons.

Branston D. 1976. Link capacity functions: a review. Transportation Research, 10 (4): 223-236.

Cancela H, Mauttone A, Urquhart M. 2015. Mathematical programming formulations for transit network design. Transportation Research Part B: Methodological, 77: 17-37.

Cao L, Dai R, Zhou M C. 2009. Metasynthesis: m-space, m-interaction and m-computing for open complex giant systems. IEEE Transactions on Systems, Man, and Cybernetics-Part A: Systems and Humans, 39 (5): 1007-1021.

Ceder A, Wilson N. 1986. Bus network design. Transportation Research Part B: Methodological, 20 (4): 331-344.

Chakroborty P, Wivedi T. 2002. Optimal route network design for transit systems using genetic algorithms. Engineering Optimization, 34 (1): 83-100.

Chankong V, Haimes Y Y. 2008. Multiobjective Decision Making: Theory and Methodology. New York: Courier Dover Publications.

Che A, Chu C. 2007. Cyclic hoist scheduling in large real-life electroplating lines. OR Spectrum, 29 (3): 445-470.

Che A, Wu P, Chu F, et al. 2015. Improved quantum-inspired evolutionary algorithm for large-size lane reservation. IEEE Transactions on Systems, Man, and Cybernetics: Systems, 45 (12): 1535-1548.

Chebil K, Khemakhem M. 2015. A dynamic programming algorithm for the knapsack problem with setup. Computers & Operations Research, 64: 40-50.

Chen X, Yu L, Zhu L, et al. 2010. Microscopic traffic simulation approach to the capacity impact analysis of weaving sections for the exclusive bus lanes on an urban expressway. Journal of Transportation Engineering, 136 (10): 895-902.

Choi D, Choi W. 1995. Effects of an exclusive bus lane for the oversaturated freeway in Korea. Institute of Transportation Engineers 65th Annual Meeting.

Chu C, Chu F, Zhou M, et al. 2012. A polynomial dynamic programming algorithm for crude oil transportation planning. IEEE Transactions on Automation Science and Engineering, 9 (1): 42-55.

Chu F, Labadi N, Prins C. 2006. A scatter search for the periodic capacitated arc routing problem. European Journal of Operational Research, 169 (2): 586-605.

Climaco J C N, Martins E Q V. 1982. A bicriterion shortest path algorithm. European Journal of Operational Research, 11（4）: 399-404.

Climer S, Zhang W. 2006. Cut-and-solve: an iterative search strategy for combinatorial optimization problems. Artificial Intelligence, 170（8/9）: 714-738.

Cova T J, Johnson J P. 2003. A network flow model for lane-based evacuation routing. Transportation Research Part A, 37（7）: 579-604.

Crainic T. 2003. Long-Haul Freight Transportation. New York: Springer.

Crainic T, Laporte G. 1997. Planning models for freight transportation. European Journal of Operational Research, 97（3）: 409-438.

Dahlgren J. 1998. High occupancy vehicle lanes: not always more effective than general purpose lanes. Transportation Research Part A: Policy and Practice, 32（2）: 99-114.

Deb K, Pratap A, Agarwal S, et al. 2002. A fast and elitist multiobjective genetic algorithm: NSGA-II. IEEE Transactions on Evolutionary Computation, 6（2）: 182-197.

Dijkstra E W. 1959. A note on two problems in connexion with graphs. Numerische Mathematik, 1（1）: 269-271.

Dong W, Zhou M C. 2014. Gaussian classifier-based evolutionary strategy for multimodal optimization. IEEE Transactions on Neural Networks and Learning Systems, 25（6）: 1200-1216.

Dorigo M, Birattari M, Stutzle T. 2006. Ant colony optimization. IEEE Computational Intelligence Magazine, 1（4）: 28-39.

Ehrgott M. 2006. Multicriteria Optimization. New York: Springer Science and Business Media.

Eichler M, Daganzo C. 2006. Bus lanes with intermittent priority: strategy formulae and an evaluation. Transportation Research Part B: Methodological, 40（9）: 731-744.

Fan L, Mumford C. 2010. A metaheuristic approach to the urban transit routing problem. Journal of Heuristics, 16（3）: 353-372.

Fang Y. 2013. Study of lane reservation problems in a transportation network. PhD. Dissertation of University de Technologie de Troyes, France.

Fang Y, Chu F, Mammar S, et al. 2012. Optimal lane reservation in transportation network. IEEE Transactions on Intelligent Transportation Systems, 13(2): 482-491.

Fang Y, Chu F, Mammar S, et al. 2013. An optimal algorithm for automated truck freight transportation via lane reservation strategy. Transportation Research Part C: Emerging Technologies, 26: 170-183.

Fang Y, Chu F, Mammar S, et al. 2014. A cut-and-solve-based algorithm for optimal lane reservation with dynamic link travel times. International Journal of Production Research, 52(4): 1003-1015.

Fang Y, Chu F, Mammar S, et al. 2015. A new cut-and-solve and cutting plane combined approach for the capacitated lane reservation problem. Computers and Industrial Engineering, 80: 212-221.

Feng J, Che A, Wang N. 2014. Bi-objective cyclic scheduling in a robotic cell with processing time windows and non-euclidean travel times. International Journal of Production Research, 52(9): 2505-2518.

Feo T, Resende M. 1989. A probabilistic heuristic for a computationally difficult set covering problem. Operations Research Letters, 8(2): 67-71.

Fleszar K, Osman I, Hindi K. 2009. A variable neighbourhood search algorithm for the open vehicle routing problem. European Journal of Operational Research, 195(3): 803-809.

Frutos M, Olivera A C, Tohme F. 2010. A memetic algorithm based on a NSGA-II scheme for the exible job-shop scheduling problem. Annals of Operations Research, 181(1): 745-765.

Fuhs C, Obenberger J. 2002. Development of high-occupancy vehicle facilities: review of national trends. Transportation Research Record, 1781(1): 1-9.

Gan A, Yue H, Ubaka I, et al. 2003. Development of operational performance and decision models for arterial bus lanes. Transportation Research Record, 1858(1): 18-30.

Gendreau M, Hertz A, Laporte G. 1994. A tabu search heuristic for the vehicle routing problem. Management Science, 40(10): 1276-1290.

Gendreau M, Iori M, Laporte G, et al. 2008. A tabu search heuristic for the vehicle routing problem with two-dimensional loading constraints. Networks, 51(1): 4-18.

Glover F. 1989. Tabu search-Part I. ORSA Journal on Computing, 1(3):

190-206.

Gu J, Gu M, Cao C. 2010. A novel competitive co-evolutionary quantum genetic algorithm for stochastic job shop scheduling problem. Computers and Operations Research, 37（5）：927-937.

Guastaroba G, Speranza M G. 2012a. Kernel search: an application to the index tracking problem. European Journal of Operational Research, 217（1）：54-68.

Guastaroba G, Speranza M G. 2012b. Kernel search for the capacitated facility location problem. Journal of Heuristics, 18（6）：877-917.

Guastaroba G, Speranza M G. 2014. A heuristic for BILP problems: the single source capacitated facility location problem. European Journal of Operational Research, 238（2）：438-450.

Haimes Y, Lasdon L S, Wismer D A. 1971. On a bicriterion formulation of problems of integrated system identification and system optimization. IEEE Transactions on Systems, Man, and Cybernetics, 1（3）：296-297.

Han K, Kim J. 2002. Quantum-inspired evolutionary algorithm for a class of combinatorial optimization. IEEE Transactions on Evolutionary Computation, 6（6）：580-593.

Han K, Kim J. 2004. Quantum-inspired evolutionary algorithms with a new termination criterion, h-gate, and two-phase scheme. IEEE Transactions on Evolutionary Computation, 8（2）：156-169.

Hidalgo D, Gutierrez L. 2013. BRT and BHLS around the world: explosive growth, large positive impacts and many issues outstanding. Research in Transportation Economics, 39（1）：8-13.

Holland J H. 1975. Adaptation in Natural and Artificial Systems. Ann Arbor: University of Michigan Press.

Hu X, Paolo E D. 2008. Binary-representation-based genetic algorithm for aircraft arrival sequencing and scheduling. IEEE Transactions on Intelligent Transportation Systems, 9（2）：301-310.

Ignall E, Schrage L. 1965. Application of the branch and bound technique to some ow-shop scheduling problems. Operations Research, 13（3）：400-412.

James T, Rego C, Glover F. 2009. Multistart tabu search and diversification strategies for the quadratic assignment problem. IEEE Transactions on

Systems, Man, and Cybernetics-Part A: Systems and Humans, 39（3）: 579-596.

Jepson D, Ferreira L. 2000. Assessing travel time impacts of measures to enhance bus operations. Part II: assessment criteria and main findings. Road and Transport Research: Journal of Australian and New Zealand Research and Practice, 9（1）: 3-18.

Jiao L, Wang L. 2000. A novel genetic algorithm based on immunity. IEEE Transactions on Systems, Man, and Cybernetics-Part A: Systems and Humans, 30（5）: 552-561.

John M P, Mumford C L, Lewis R. 2014. An improved multi-objective algorithm for the urban transit routing problem//European Conference on Evolutionary Computation in Combinatorial Optimisation. Berlin: Springer: 49-60.

Jozefowiez N, Semet F, Talbi E. 2007. The bi-objective covering tour problem. Computers & Operations Research, 34（7）: 1929-1942.

Kang Q, Zhou M C, An J, et al. 2013. Swarm intelligence approaches to optimal power flow problem with distributed generator failures in power networks. IEEE Transactions on Automation Science and Engineering, 10（2）: 343-353.

Karim S. 2003. The effect of bus lane on the travel time of other modes using floating car method//Proceedings of the Eastern Asia Society for Transportation Studies: 135-149.

Karp R M. 1972. Reducibility among combinatorial problems//Miller R E, Thatcher J W. Complexity of Computer Computations. New York: Plenum Press: 85-103.

Kennedy J. 2011. Particle swarm optimization//Sammut C, Webb G I. Encyclopedia of Machine Learning. New York: Springer: 760-766.

Khoo H, Teoh L, Meng Q. 2014. A bi-objective optimization approach for exclusive bus lane selection and scheduling design. Engineering Optimization, 46（7）: 987-1007.

Kilhc F, Gok M. 2014. A demand based route generation algorithm for public transit network design. Computers & Operations Research, 51: 21-29.

Kirkpatrick S, Gelatt C D, Vecchi M P. 1983. Optimization by simulated annealing. Science, 220（4598）: 671-680.

Kwon J, Varaiya P. 2008. Effectiveness of California's high occupancy vehicle (HOV) system. Transportation Research Part C: Emerging Technologies, 16(1): 98-115.

Land A, Doig A. 1960. An automatic method of solving discrete programming problems. Econometrica, 28(3): 497-520.

Lawler E L, Wood D E. 1966. Branch-and-bound methods: a survey. Operations Research, 14(4): 699-719.

Lee D, Chen J, Cao J. 2010. The continuous berth allocation problem: a greedy randomized adaptive search solution. Transportation Research Part E: Logistics and Transportation Review, 46(6): 1017-1029.

Lee L H, Tan K C, Ou K, et al. 2003. Vehicle capacity planning system: a case study on vehicle routing problem with time windows. IEEE Transactions on Systems, Man, and Cybernetics-Part A: Systems and Humans, 33(2): 169-178.

Leitner M, Ljubic I, Sinnl M. 2013. Solving the bi-objective prize-collecting Steiner tree problem with the ε-constraint method. Electronic Notes in Discrete Mathematics, 41: 181-188.

Li S, Ju Y. 2009. Evaluation of bus-exclusive lanes. IEEE Transactions on Intelligent Transportation Systems, 10(2): 236-245.

Liang X, Li W, Zhang Y, et al. 2015. An adaptive particle swarm optimization method based on clustering. Soft Compute, 19(2): 431-448.

Little J D C, Murty K G, Sweeney D W, et al. 1963. An algorithm for the traveling salesman problem. Operations Research, 11(6): 972-989.

Liu M, Chu F, Zhang Z, et al. 2015. A polynomial-time heuristic for the quay crane double-cycling problem with internal-reshuffing operations. Transportation Research Part E: Logistics and Transportation Review, 81: 52-74.

Liu M, Wang S, Chu C, et al. 2016. An improved exact algorithm for single-machine scheduling to minimise the number of tardy jobs with periodic maintenance. International Journal of Production Research, 54(12): 3591-3602.

Lücken C V, Barán B, Brizuela C. 2014. A survey on multi-objective evolutionary algorithms for many-objective problems. Computational

Optimization and Application, 58（3）: 707-756.

Luo X, Zhou M, Xia Y, et al. 2014. An efficient non-negative matrix-factorization-based approach to collaborative filtering for recommender systems. IEEE Transactions on Industrial Informatics, 10(2): 1273-1284.

Machemehl R B, Rioux T W, Tsyganov A, et al. 2001. Freeway operational fexibility concepts. Center for Transportation Research, University of Texas at Austin.

Maclennan C. 1995. Priority for public transport and other high occupancy vehicles on urban roads. Routes/Roads, Special Ⅱ, (10.07A): 5-38.

Mandal S K, Pacciarelli D, LØkketangen A, et al. 2015. A memetic NSGAII for the bi-objective mixed capacitated general routing problem. Journal of Heuristics, 21（3）: 359-390.

Martin P, Perrin J, Lambert R, et al. 2002. Evaluate effectiveness of high occupancy vehicle (HOV) lanes. Technical Report, NO. UTL-1001-48, Civil and Environmental Engineering Department, University of Utah, Salt Lake City, Utah.

Mavrotas G. 2009. Effective implementation of the ε-constraint method in multiobjective mathematical programming problems. Applied Mathematics and Computation, 213（2）: 455-465.

Mesbah M, Sarvi M, Currie G. 2011a. Optimization of transit priority in the transportation network using a genetic algorithm. IEEE Transactions on Intelligent Transportation Systems, 12（3）: 908-919.

Mesbah M, Sarvi M, Ouveysi I, et al. 2011b. Optimization of transit priority in the transportation network using a decomposition methodology. Transportation Research Part C: Emerging Technologies, 19（2）: 363-373.

Miettinen K. 2012. Nonlinear multiobjective optimization. Springer Science and Business Media.

Mitten L. 1970. Branch-and-bound methods: general formulation and properties. Operations Research, 18（1）: 24-34.

Mladenovic N, Hansen P. 1997. Variable neighborhood search. Computers & Operations Research, 24（11）: 1097-1100.

Nikolic M, Teodorovic D. 2013. Transit network design by bee colony optimization. Expert Systems with Applications, 40（15）: 5945-5955.

Osman I, Laporte G. 1996. Metaheuristics: a bibliography. Annals of Operations Research, 63（5）: 511-623.

Pan Q, Tasgetiren M, Liang Y. 2008. A discrete particle swarm optimization algorithm for the no-wait owshop scheduling problem. Computers & Operations Research, 35（9）: 2807-2839.

Pezzella F, Morganti G, Ciaschetti G. 2008. A genetic algorithm for the flexible job-shop scheduling problem. Computers & Operations Research, 35（10）: 3202-3212.

Pisinger D. 1997. A minimal algorithm for the 0-1 knapsack problem. Operations Research, 45（5）: 758-767.

Princeton J, Cohens S. 2011. Impact of a dedicated lane on the capacity and the level of service of an urban motorway. Procedia Social and Behavioral Sciences, 16: 196-206.

Prins C. 2004. A simple and effective evolutionary algorithm for the vehicle routing problem. Computers and Operations Research, 31（12）: 1985-2002.

Reiter P, Gutjahr W. 2012. Exact hybrid algorithms for solving a bi-objective vehicle routing problem. Central European Journal of Operations Research, 20（1）: 19-43.

Schaerf A. 1999. Local search techniques for large high school timetabling problems. IEEE Transactions on Systems, Man, and Cybernetics-Part A: Systems and Humans, 29（4）: 368-377.

Schijns S. 2001. Brisbane, Australia HOV metropolis? 10th International Conference on High-Occupancy Vehicle Systems Transportation Research Board, Federal Highway Administration, and Federal Transit Administration.

Schobel A. 2012. Line planning in public transportation: models and methods. OR Spectrum, 34（3）: 491-510.

Schobel A, Scholl S. 2006. Line planning with minimal traveling time. 5th Workshop on Algorithmic Methods and Models for Optimization of Railways（ATMOS'05）. Schloss Dagstuhl-Leibniz-Zentrum für Informatik.

Seo Y, Park J, Jang H, et al. 2005. A study on setting-up a methodology and criterion of exclusive bus lane in urban area//Proceedings of the Eastern Asia Society for Transportation Studies: 339-351.

Shalaby A S. 1999. Simulating performance impacts of bus lanes and supporting measures. Journal of Transportation Engineering, 125（5）: 390-397.

Shih M, Mahmassani H. 1994. Design methodology for bus transit networks with coordinated operations. Technical Report.

Shladover S E. 2010. Truck automation operational concept alternatives//2010 IEEE Intelligent Vehicles Symposium: 1072-1077.

Sierra M R, Coello C. 2006. Multi-objective particle swarm optimizers: a survey of the state-of-the-art. International Journal of Computational Intelligence Research, 2（3）: 287-308.

Smith N, Hensher D. 1998. The future of exclusive busways: the Brazilian experience. Transport Reviews, 18（2）: 131-152.

Sullivan E, Burris M. 2006. Benefit-cost analysis of variable pricing projects: SR-91 express lanes. Journal of Transportation Engineering, 132（3）: 191-198.

Sun X, Lu H, Fan Y. 2014. Optimal bus lane infrastructure design. Transportation Research Record: Journal of the Transportation Research Board,（2467）: 1-11.

Surprenant-Legault J, El-Geneidy A M. 2011. Introduction of reserved bus lane: impact on bus running time and on-time performance. Transportation Research Record: Journal of the Transportation Research Board, 2218（1）: 10-18.

Tang L, Wang X. 2013. A hybrid multiobjective evolutionary algorithm for multiobjective optimization problems. IEEE Transactions on Evolutionary Computation, 17（1）: 20-45.

Tarantilis C, Zachariadis E, Kiranoudis C. 2009. A hybrid metaheuristic algorithm for the integrated vehicle routing and three-dimensional container-loading problem. IEEE Transactions on Intelligent Transportation Systems, 10（2）: 255-271.

Turnbull K F. 1990. HOV project case studies: history and institutional arrangements. Technical Report, NO. DOT-T-92-13, Texas Transportation Institute, Texas A&M University System, College Station, Texas.

Turnbull K F. 2005. HOV and HOT lanes in the United States//Proceedings of European Transport Conference, Strasbourg, France.

Turnbull K F, DeJohn T. 2000. New Jersey I-80 and I-287 HOV lane case study. Technical Report, NO. FHWAOP-00-018, Texas Transportation Institute, Texas A&M University System, College Station, Texas.

Viegas J, Lu B. 2004. The intermittent bus lane signals setting within an area. Transportation Research Part C: Emerging Technologies, 12(6): 453-469.

Viegas J, Roque R, Lu B, et al. 2007. Intermittent bus lane system: demonstration in Lisbon, Portugal.

Vincent F, Lin S, Lee W, et al. 2010. A simulated annealing heuristic for the capacitated location routing problem. Computers & Industrial Engineering, 58(2): 288-299.

Walteros J, Medaglia A, Riano G. 2013. Hybrid algorithm for route design on bus rapid transit systems. Transportation Science, 49(1): 66-84.

Wang H. 2009. A two-phase ant colony algorithm for multi-echelon defective supply chain network design. European Journal of Operational Research, 192(1): 243-252.

Wang L, Tang F, Wu H. 2005. Hybrid genetic algorithm based on quantum computing for numerical optimization and parameter estimation. Applied Mathematics and Computation, 171(2): 1141-1156.

Wang Y, Feng X Y, Huang Y X, et al. 2007. A novel quantum swarm evolutionary algorithm and its applications. Neurocomputing, 70(4/6): 633-640.

Waxman B M. 1988. Routing of multipoint connections. IEEE Journal on Selected Areas in Communications, 6(9): 1617-1622.

Wei L, Chong T. 2002. Theory and practice of bus lane operation in Kunming. DISP-The Planning Review, 38(151): 68-72.

Wong R. 1984. A dual ascent approach for Steiner tree problems on a directed graph. Mathematical Programming, 28(3): 271-287.

Wu P, Che A, Chu F. 2013. A quantum evolutionary algorithm for lane reservation problem//10th IEEE International Conference on Networking, Sensing and Control: 264-268.

Wu Y, Chu C, Chu F, et al. 2009. Heuristic for lane reservation problem in time constrained transportation//Proceedings of Automation Science and Engineering: 543-548.

Wu Y, Wu N. 2010. An approximate algorithm for the lane reservation problem in time constrained transportation//2010 2nd International Conference on Advanced Computer Control: 192-196.

Xiao Y, Thulasiraman K, Xue G, et al. 2005. The constrained shortest path problem: algorithmic approaches and an algebraic study with generalization. AKCE International Journal of Graphs and Combinatorics, 2 (2): 63-86.

Yan S, Chen C, Lin Y. 2011. A model with a heuristic algorithm for solving the long-term many-to-many car pooling problem. IEEE Transactions on Intelligent Transportation Systems, 12 (4): 1362-1373.

Yang H, Wang W. 2009. An innovative dynamic bus lane system and its simulation-based performance investigation//Proceedings of Intelligent Vehicles Symposium: 105-110.

Yang Z, Chu F, Chen H. 2012. A cut-and-solve based algorithm for the single-source capacitated facility location problem. European Journal of Operational Research, 221 (3): 521-532.

Yao B, Hu P, Lu X, et al. 2014. Transit network design based on travel time reliability. Transportation Research Part C: Emerging Technologies, 43: 233-248.

Yao J, Shi F, Zhou Z, et al. 2012. Combinatorial optimization of exclusive bus lanes and bus frequencies in multi-modal transportation network. Journal of Transportation Engineering, 138 (12): 1422-1429.

Yen J. 1971. Finding the K shortest loopless paths in a network. Management Science, 17 (11): 712-716.

Yu F, Tu F, Tu H, et al. 2007. A lagrangian relaxation algorithm for finding the MAP configuration in QMR-DT. IEEE Transactions on Systems, Man, and Cybernetics - Part A: Systems and Humans, 37 (5): 746-757.

Yu Y, Chen H, Chu F. 2008. A new model and hybrid approach for large scale inventory routing problem. European Journal of Operational Research, 189 (3): 1022-1040.

Yu Y, Chu C, Chen H, et al. 2012. Large scale stochastic inventory routing problems with split delivery and service level constraints. Annals of Operations Research, 197 (1): 135-158.

Zadeh L. 1963. Optimality and non-scalar-valued performance criteria. IEEE

Transactions on Automatic Control, 8（1）: 59, 60.

Zagorianakos E. 2004. Athens 2004 Olympic Games' transportation plan: a missed opportunity for strategic environmental assessment（SEA）integration? Journal of Transport Geography, 12（2）: 115-125.

Zhang J, Wang C, Zhou M C. 2014. Last-position elimination based learning automata. IEEE Transactions on Cybernetics, 44（12）: 2484-2492.

Zhang J, Zhao Y, Peng D, et al. 2008. A hybrid quantum-inspired evolutionary algorithm for capacitated vehicle routing problem. International Conference on Intelligent Computing, Springer, Berlin, Heidelberg.

Zhao H, Xu W A, Jiang R. 2015. The memetic algorithm for the optimization of urban transit network. Expert Systems with Applications, 42(7): 3760-3773.

Zhou Z. 2014. Study on optimization of hazardous material transportation via lane reservation. PhD. Dissertation of University of Evry Val d'Essonne, France.

Zhou Z, Che A D, Chu F, et al. 2014. Model and method for multiobjective time-dependent hazardous material transportation. Mathematical Problems in Engineering,（1645）: 1-11.

Zhou Z, Chu F, Che A D, et al. 2013. ε-constraint and fuzzy logic-based optimization of hazardous material transportation via lane reservation. IEEE Transactions on Intelligent Transportation Systems, 14（2）: 847-857.

Zhu H. 2010. Numerical study of urban traffic ow with dedicated bus lane and intermittent bus lane. Physica A: Statistical Mechanics and Its Applications, 389（16）: 3134-3139.

Zhu H, Hou M, Wang C, et al. 2012. An efficient outpatient scheduling approach. IEEE Transactions on Automation Science and Engineering, 9(4): 701-709.

Zhu H, Zhou M C. 2008. Role transfer problems and algorithms. IEEE Transactions on Systems, Man, and Cybernetics-Part A: Systems and Humans, 38（6）: 1442-1450.

Zhu H, Zhou M C. 2009. M-M role-transfer problems and their solutions. IEEE Transactions on Systems, Man, and Cybernetics-Part A: Systems and Humans, 39（2）: 448-459.

Zhu H, Zhou M C. 2012. Efficient role transfer based on Kuhn-Munkres algorithm. IEEE Transactions on Systems, Man, and Cybernetics-Part A:

Systems and Humans, 42 (2): 491-496.

Zhu H, Zhou M C, Alkins R. 2012. Group role assignment via a Kuhn-Munkres algorithm-based solution. IEEE Transactions on Systems, Man, and Cybernetics-Part A: Systems and Humans, 42 (3): 739-750.

Zitzler E, Laumanns M, Thiele L. 2001. SPEA2: Improving the strength Pareto evolutionary algorithm. TIK-Report.

Zuo X, Chen C, Tan W, et al. 2015. Vehicle scheduling of urban bus line via an improved multi-objective genetic algorithm. IEEE Transactions on Intelligent Transportation Systems, 16 (2): 1030-1041.

后 记

本书研究了运输网络视角下专用道设置优化问题,旨在从宏观网络层面上考虑专用道的优化设置以分别满足特殊的交通运输需求和提高公交运输系统性能。对于所有研究的问题,建立了适当的数学模型,分析了问题的复杂度。此外,根据问题特点和获得的问题性质,开发了适当的求解算法,具体包括两阶段精确算法、改进 ε-约束方法、分割求解算法及核搜索算法等。基准算例和随机生成算例的测试实验结果表明:本书所提出的算法优于现存最好算法和商品化优化软件包 CPLEX。

以下对本书的研究结论进行总结,并结合专用道设置优化问题的研究趋势,对下一步的研究内容和方向进行展望。本书的主要研究结论如下:

(1)研究了大规模 ATLRP。对于该问题,提出一个改进的 ILP 模型,研究表明,该问题的几种特殊情况属于经典的组合优化问题。在此基础上,基于得到的问题性质,开发了快速有效的两阶段精确算法。基准测试和大规模随机算例的测试实验结果表明,所提出的算法显著优于现有最好方法。针对文献中两种情形下的基准算例,所提出算法的计算时间仅分别为文献中最好算法的 11.01%和 37.54%。所提出的两阶段算法可以解决具有最大规模为 700 个节点和 55 个任务的算例,而现有方法未能解决具有 180 个节点和 40 个任务的算例。

(2)研究了大规模特殊事件背景下专用道设置优化问题。对于该问题,首先提出了一个改进的 ILP 模型,对比实验结果研究表明,改进模型比文献中的模型更加快速有效。在此基础上,提出了一种新方法用于更好地评估专用道设置的负面交通影响,研究分析得出了减少最优解的搜索空间的性质:缩小问题解空间的预处理技术,专用道设置数目的上界和下界。

然后，基于上述问题最优解性质，提出了快速高效的大规模特殊事件背景下专用道设置优化问题的改进 QEA。485 个随机生成算例的计算结果表明，所提出算法可以为最大规模为 500 个节点和 50 个任务的问题提供高质量的解。

（3）研究了 RLRP 以满足大规模特殊事件下时间保证的交通运输需求，它考虑了不确定的交通特性，扩展了现有的专用道设置优化问题。为该问题建立了一个多目标混合整数规划模型，提出了一个改进 ε-约束和分割求解相结合方法以获得问题的 Pareto 前沿。一个基于现实网络拓扑结构的基准算例和大量随机生成算例测试实验结果表明，为求得不同规模大小问题的 Pareto 前沿，所提出算法仅耗费了基于商业软件 CPLEX 的混合整数规划方法 37% 的时间，所提出的加强技术能有效加速算法的求解。

（4）将现有专用道设置优化问题扩展至考虑公交运输特殊需求的公交专用道设置优化问题。对于该问题，分别建立了混合整数规划模型和整数规划模型。根据问题的特征，研究了问题预处理技术，提出了有效的不等式减少问题最优解搜索空间。基于问题特性，分别提出了改进分割求解算法和核搜索启发式算法求解该问题。大量随机生成算例测试结果验证了所提出的模型和算法的有效性。

（5）研究了 BLR-LDP，该问题通过集成考虑公交线路设计决策扩展了上述公交专用道设置优化问题。针对该问题，首先建立了一个双目标混合整数非线性规划模型，其次将其等价地转换为一个混合 ILP 模型，研究了问题的有效不等式，分析证明了问题的复杂性，应用精确 ε-约束方法求解得到该问题的 Pareto 前沿。基准算例和随机生成算例的测试计算结果表明：所提出方法可以在合理时间内求解小规模问题，专用道设置策略可以以较少负面影响较大幅度地减少公交出行者的出行时间。

尽管本书为多个专用道设置优化问题开发了有效模型和方法，具有一定的理论意义和实践价值，但因此类问题本身具有 NP-难特性，在实际应用中肯定存在许多不足；另外，由于时间仓促和知识水平有限，本书还存在一些不足和欠缺之处，在未来的研究中还有很多工作要做。

首先，所研究的运输网络视角下专用道设置优化问题主要关注点之一是在运输网络中最优地设置专用道以最大限度地减少其对其他车辆的负面影响。在本书中，专用道设置负面影响考虑为输入参数。在实际应用中，该参数的估计和获得是具有挑战性的，因为它与多种因素相关，如道路交通条件、专用道类型、路段间的相互影响及设置时段。由于专用道设置负面影响评估的复杂性，到目前为止，研究人员尚未就如何准确评估专用道所造成的负面影响达成共识。因此，接下来需对该问题进行进一步的研究，且其研究成果将为我们未来的研究提供宝贵的信息。

虽然本书针对每个问题均提出了性能较好的算法，但是由于所研究问题具有 NP-难特性，算法的计算时间均随着问题规模的增大而增加。因此，未来的一个重要方向是进一步探索所研究问题的性质和开发更有效算法。进一步来说，针对第 2 章的 ATLRP，所提出算法的第二阶段直接采用 CPLEX 来求解大规模问题已经变得十分困难，一个未来可能方向是开发更有效的方法求解第二阶段问题从而进一步提升算法效率；对于第 4 章中的双目标 RLRP，可以考虑探寻更有效的加强技术以增强所提出的 ε-约束和分割求解相结合方法的效率。特别需指出的是，求解第 6 章所研究 BLR-LDP 是十分困难的，该章所提出的方法仅能求解小规模问题，因此在下一步研究中需进一步探索问题的性质，开发有效多目标进化算法，在较短计算时间内获得问题良好分布的 Pareto 解集。

此外，还可以从以下几个方面扩展本书所研究的问题。

首先，实际上，路段交通状况可能随一天的时间段而动态变化。第 4 章中所考虑的 RLRP 将专用道设置鲁棒性的概念引入，从解决方案鲁棒性的角度应对不确定因素。在未来研究中，可以将鲁棒性的概念引入其他专用道设置优化问题中。另外，可以直接将不确定的交通状况考虑至问题数学模型中扩展现有模型，给出时变交通状况背景下的专用道设置优化问题。

其次，本书仅考虑了从空间层面上最优地决定运输网络中哪些车道设置为专用道，但尚未考虑时间层面上的专用道设置，即考虑最优的设置时间而非永久设置。现有许多研究已经提出间歇性/动态公交专用道将大大减少专用道设置对正常交通的负面影响。因此，可以通过考虑专用道设置时间决策来扩展专用道设置优化问题。

再次，专用道设置还可能产生其他影响，如将交通分流和出行模式转变等考虑到公交专用道设置优化中将会是另一个具有研究前景的方向。此外，交通拥堵不但会导致低效运输效率，而且会产生与环境有关的问题，如 CO_2 排放量的增加。公交车道设置的目标是通过提供快速可靠公交运输来减轻城市交通拥堵，从而吸引更多的人乘坐公共汽车而不是私家车。显然，出行车辆的减少会减少 CO_2 排放量。在未来研究中，还可以将 CO_2 排放评估考虑到所研究的专用道设置优化问题中。

最后，由于公交线路设计和公交专用道设置集成优化问题的复杂性，本书第 6 章中假定：①属于同一个 OD 对的乘客选择相同的最短路径到达他们的目的地；②每条线路上容量足够支持乘客出行。在未来研究中，可以考虑交通分配、公交车频率及公交车容量限制松弛上述假设。